VISUALIZACIÓN
CREATIVA

El Autor

Richard Webster es autor de más de 75 obras, y es uno de los escritores más prolíferos de Nueva Zelanda. Entre sus libros más exitosos se incluyen *Ángeles Guardianes y Guías Espirituales, Los Poderes Psíquicos de las Mascotas, Milagros,* así como la serie sobre arcángeles *Miguel, Gabriel, Rafael* y *Uriel.*

Webster es un reconocido psíquico y es miembro de organizaciones como la National Guild of Hypnotherapists (USA), Association of Professional Hypnotherapists and Parapsychologists (Inglaterra), International Registry of Professional Hypnotherapists (Canadá), y el Psychotherapy and Hypnotherapy Institute de Nueva Zelanda.

Muchos de los autores de Llewellyn tienen sitios en Internet con información y recursos adicionales. Por favor visítenos en:

http://www.llewellynespanol.com

VISUALIZACIÓN CREATIVA

*Imagina . . . Logra tus metas
y cumple todos tus sueños*

Richard Webster

**Traducido al idioma Español por
Héctor Ramírez • Edgar Rojas**

Llewellyn Español
Woodbury, Minnesota

PRIMERA EDICIÓN
primera impresión 2006

Coordinación y Edición: Edgar Rojas
Diseño de la Portada: Gavin Duffy
Diseño Interior: Donna Burch
Imagen de la Portada: © Eyewire and PhotoDisk
Título Original: *Creative Visualization for Beginners*
Traducción al Español: Héctor Ramírez • Edgar Rojas

La fotografía de la modelo en la portada es utilizada sólo con propósitos ilustrativos, y no representa o confirma el contenido de esta obra.

Biblioteca del Congreso. Información sobre esta publicación (Pendiente).
Library of Congress Cataloging-in-Publication Data (Pending).

13-ISBN 978-0-7387-0958-1
10-ISBN 0-7387-0958-1

Llewellyn Español
Una división de Llewellyn Worldwide, Ltd.
2143 Wooddale Drive, Dep. 0-7387-0958-1
Woodbury, MN 55125, U.S.A.
www.llewellynespanol.com

Impreso en los Estados Unidos de América

Otros libros de Richard Webster

Para el más grande visualizador que conozco,
mi buen amigo Graham Little

Contenido

Contenido

INTRODUCCIÓN

"La vida de un hombre es lo que sus pensamientos hacen de ella".
—MARCO AURELIO

La visualización creativa es la capacidad de ver con la mente. Es una capacidad que todos poseemos, aunque unas personas son naturalmente mejores para visualizar que otras. Cada vez que soñamos despiertos, estamos visualizando, cada vez que pensamos, creamos una imagen en la mente. El siguiente es un ejemplo. Piense en un amigo que tuvo en la escuela elemental. Observe las imágenes que de inmediato llegan a su mente mientras revive algunos de los momentos alegres que disfrutaron juntos. Recuerde una ocasión en la que se sintió orgulloso de sí mismo por algo que había hecho. Disfrute de nuevo las imágenes y sentimientos que lleguen a su mente.

Estas imágenes están en su memoria y está recordándolas. Sin embargo, también creamos constantemente imágenes en la mente de eventos que todavía no han ocurrido. Imagine dos adolescentes yendo a una fiesta. Uno se visualiza entrando a un salón sin encontrar con quién hablar; el otro se visualiza entrando seguro de sí mismo y conociendo una chica atractiva. ¿Quién cree que se divertirá más en la fiesta? Ambos han visualizado una situación en el futuro próximo, y sus imágenes mentales decidirán lo que sucede. Prácticamente podemos garantizar que el primer muchacho no tendrá muy buen rato, mientras el otro pasará una noche fabulosa. Sus pensamientos se convierten en profecías cumplidas.

¿Ha imaginado cómo sería su vida si pudiera tener, hacer o ser lo que desea? Esto es hacer uso positivo de la visualización creativa. Las personas podrían llamarlo soñador, pero si lo hacen, no tienen idea de lo poderosos que son los sueños de vigilia. Woodrow Wilson, el vigésimo octavo presidente de los Estados Unidos, escribió: "Nos hacemos grandes por nuestros sueños. Todos los grandes hombres son soñadores; ven las cosas en la suave neblina de un día de primavera o en el fuego rojo de una larga noche de invierno. Algunos de nosotros dejamos morir estos sueños, pero otros los alimentan y protegen, cuidándolos en los días malos hasta que los sacan a la luz que siempre llega a los que esperan sinceramente que sus sueños se hagan realidad". Parece como si Woodrow Wilson hubiera usado la visualización creativa.

El cerebro es un instrumento increíble que puede traernos lo que queramos. Los doce mil millones de células que lo conforman poseen un potencial ilimitado. La creencia popular dice que usamos sólo el diez por ciento de la capacidad del cerebro. Sin embargo, se ha estimado que si tenemos un nuevo pensamiento cada segundo, desde el momento de nacer hasta el momento de morir, no agotaríamos el espacio. El potencial es ilimitado.

Alguien me demostró el poder increíble de la mente humana de forma dramática cuando tenía dieciséis años de edad. Estaba trabajando en una librería durante mis vacaciones de verano. Uno de los otros trabajadores temporales era un estudiante de psicología que hizo un experimento bastante cruel para demostrarme que la mente controla el cuerpo. Una mañana, estábamos parados junto a la entrada cuando llegó una trabajadora.

"¿Se siente bien?", le preguntó el estudiante de psicología. "Se ve un poco pálida".

La mujer miró sorprendida. "No, estoy bien", dijo ella, y luego entró a su oficina y cerró la puerta. Una hora después, salió a la tienda, y el estudiante le volvió a preguntar si estaba bien.

"Estoy bien", dijo ella, pero esta vez pareció menos segura que antes. Regresó a su oficina. Treinta minutos después, reapareció y dijo que se iba para su casa porque no se sentía bien.

Me sentí muy incómodo con el experimento, pero el estudiante de psicología estaba jubiloso, mientras se tocaba el costado de su cabeza.

"El poder de la mente humana", dijo, "es increíble".

La mujer que se fue a casa sintiéndose mal, lo hizo porque había aceptado las sugestiones que le dio el estudiante de psicología. Él sugirió dos veces que ella no se sentía bien. Debido a que su mente aceptó esto, la mujer imaginó que debía estar enferma. Luego su cuerpo actuó de acuerdo a este pensamiento y la hizo sentir indispuesta. Esto demostró que su mente estaba controlando el cuerpo.

Esa fue mi primera introducción a la visualización. En ese caso, el estudiante implantó deliberadamente un pensamiento. Sin embargo, inconscientemente implantamos pensamientos todo el día, todos los días, pero la mayoría de personas tiene más pensamientos negativos que positivos.

Un par de años después, asistí a un curso de tres semanas diseñado para hacer que las personas sean más conscientes de sus capacidades. Una de las actividades era cruzar un río por una cuerda suspendida a veinte pies del agua. Algunos de los participantes cruzaron el río con facilidad. Otros lo encontraron más difícil, y hubo quienes ni siquiera lo intentaron. ¿Por qué pasó esto? La razón fue el miedo causado por el pensamiento de caer al río. Este pensamiento fue tan poderoso, que se prepararon para aguantar las burlas y comentarios de las personas que lo habían logrado, en lugar de intentar hacerlo. Sus mentes controlaron los cuerpos.

Hace poco estuve hablando con una maestra de escuela elemental. Ella me habló de un niño de seis años de su clase que de repente había perdido el uso de sus piernas y no podía caminar. El niño no tenía problema físicos, sin embargo, estaba tan intimidado por otro niño, que su mente le impedía salir durante la hora de descanso. El niño no había deseado esto conscientemente, no obstante, su mente subconsciente había tomado la decisión por él, e intentó resolver el problema afectando su capacidad para moverse.

Estos son ejemplos de cómo la mente influye en el cuerpo físico. Sin embargo, también afecta todas las áreas de nuestra vida. Piense en su vida. ¿Es rico o pobre? ¿Tiene una salud excelente? ¿Tiene buenos amigos? ¿Es feliz? ¿Está su vida llena de abundancia? Por extraño que parezca, la vida que tiene ahora mismo es el resultado de todo lo que ha pensado a lo largo de su existencia. Todos esos pensamientos determinan las decisiones que toma, y éstas determinan sus acciones, que a su vez reflejan su nivel de éxito en la vida. Si cambia sus pensamientos, también cambia sus decisiones y por consiguiente sus acciones. Suena simple, pero en realidad muy pocas personas están preparadas para cambiar.

No es totalmente su culpa si se siente atrapado o estancado. Al crecer estuvo expuesto a un gran número de influencias externas que marcaron la forma en que pensaba en las diferentes cosas. Si sus padres tenían una conciencia de la pobreza y siempre se preocupaban por la falta de dinero, es probable que usted comparta estos sentimientos.

La mente funciona como un imán y atraemos lo que pensamos. Si siempre estamos pensando en falta de dinero, el universo nos dará pobreza. Si cree que el universo está lleno de abundancia y usted tiene el derecho a compartirla, adivine qué sucede: su vida estará llena de abundancia.

Todo el mundo sueña con ganarse la lotería o heredar una fortuna de un pariente lejano. Si todos hacen esto, ¿por qué la mayoría de personas tienen problemas financieros? El problema es que aunque sueñan con una gran riqueza, también llenan sus mentes con pensamientos y temores acerca de la pobreza. Todos tenemos de cincuenta mil a sesenta mil pensamientos al día, y la mayoría de gente no tiene idea de cuántos de estos pensamientos son positivos y cuántos son negativos.

Norman Vincent Peale descubrió el poder del pensamiento de una forma interesante. Él y unos amigos comenzaron la publicación de una revista sobre inspiración personal llamada *Guideposts*. Ellos superaron problemas iniciales, como un incendio que destruyó la única copia de su lista de lectores, pero aún con 40.000 suscriptores, la revista estaba arrojando pérdidas, y parecía que iba a fracasar. Vincent y sus colegas se reunieron para discutir qué hacer. Deliberadamente invitaron a una mujer que antes había donado 2.000 dólares para la revista. Sin embargo, esta vez ella no donó más dinero y le dijo al grupo que les daría algo mucho más valioso —una idea—. Dijo: "¿Cuál es su problema actual? Es que les *falta* todo; les falta dinero, les *faltan* suscriptores, les *falta* maquinaria, les *faltan* ideas, les *falta* valor. ¿Por qué les *faltan* todos estos requerimientos? Simplemente porque están pensando en *escasez*".

Luego esta mujer le dijo al grupo que debían "pensar en prosperidad, realización, éxito . . . El proceso es visualizar; esto es, ver *Guideposts* en términos de un logro exitoso".[1] Después le preguntó a Norman Vincent Peale cuántos suscriptores eran necesarios para asegurar la supervivencia de la revista. Él dijo que necesitaban 100.000. Ella le pidió que visualizara ese número de suscriptores. Norman encontró difícil hacer esto, pero un amigo suyo afirmó que podía verlos, y luego Norman también los vio. El grupo oró a Dios, debido a las palabras en Mateo 21:22: "Y todo lo que pidan en oración, creyendo, lo recibirán". Esta reunión fue el punto decisivo, y la revisa se volvió rentable.

La visualización creativa es mucho más que pensamiento positivo. El pensamiento positivo es un ejercicio muy valioso, y todos deberíamos tener la mayor cantidad de pensamientos positivos posibles al día. Sin embargo, la visualización creativa va mucho más lejos: es un proceso que nos permite tener un pensamiento positivo específico y luego hacer lo necesario para que sea una realidad. El pensamiento positivo es uno de los pasos para lograrlo.

La visualización creativa es un proceso que nos permite enfocar la mente en lo que deseamos, en lugar de lo que queremos evitar. Cuando haga esto correctamente, su mente empezará a trabajar para traerle lo que desea. Cómo hacerlo, es el tema de este libro.

CAPÍTULO UNO

¿QUÉ ES LA VISUALIZACIÓN CREATIVA?

"La mente es todo; somos lo que pensamos".

—BUDA

"Cuando era muy joven", dijo Arnold Schwarzenegger, "me visualizaba siendo y teniendo lo que deseaba. Mentalmente, nunca tuve dudas al respecto. La mente es verdaderamente increíble. Antes de ganar mi primer título de Mr. Universo, anduve en el torneo como si hubiera ganado; el título ya era mío. Lo había ganado tantas veces en mi mente, que no había duda de que triunfaría. Después, cuando entré al cine, pasó lo mismo. Me visualizaba siendo un actor famoso y ganando mucho dinero; podía sentir y saborear el éxito. Simplemente sabía que todo sucedería".[1]

La visualización creativa es el arte de crear imágenes en la mente para obtener lo que deseamos. Algunas personas, tales como Arnold Schwarzenegger, la usan instintivamente, pero la mayoría necesita aprender cómo hacerlo. Posiblemente es la habilidad más útil que podríamos dominar, porque transforma nuestra vida totalmente. Podemos usar la visualización creativa para cambiar nuestras circunstancias presentes, progresar en la carrera o profesión, mejorar la salud, eliminar hábitos negativos e incluso atraer el amor, el dinero y cualquier otro objetivo. Asombrosamente, no hay nada raro o extraordinario respecto a este increíble poder creativo que todos poseemos. Todo el que ha alcanzado gran éxito en la vida, ha usado este poder consciente o inconscientemente.

Walt Disney es un ejemplo de alguien que creía en la visualización creativa y la usó para crear su imperio de entretenimiento. Él llamaba al proceso "imaginando". Cuando visitamos Disneyland o Disneyworld vemos ejemplos del "sueño deseado hecho realidad".

Hace muchos años, oí una historia que me gusta creer que es cierta. Por lo visto, años después de que Disneyland y Disneyworld fueron terminados, alguien le dijo a Mike Vance, director creativo de Walt Disney Studios, "¿no es una lástima que Walt Disney no hubiera vivido lo suficiente para ver esto?". Al parecer, Mike Vance respondió, "pero él lo vio; por eso está aquí". Walt Disney tal vez ha sido el más grande visualizador creativo del mundo.

Sin importar cuál sea nuestra situación actual, estamos usando nuestra mente creativa para atraer aquello en lo que pensamos todo el tiempo. Por ejemplo, si usted piensa que es desafortunado o no tiene atractivo, su mente subconsciente hará esto realidad. La mayoría de personas usa esta capacidad sin saberlo, y no son conscientes de que pueden usar deliberadamente la visualización creativa para transformar sus vidas. Es triste, que la mayoría use este increíble potencial para propósitos negativos, cuando, con sólo un poco de esfuerzo, podrían emplearlo para lograr objetivos positivos y productivos.

Hace años, conocí a un hombre que me comentó cuán desafortunado era. Contó una historia triste de todas las cosas terribles que le habían ocurrido, y me miró asombrado cuando le dije que creía que forjamos nuestra propia suerte en la vida.

"¿Cree que deliberadamente genero todo este dolor y sufrimiento sobre mí mismo?", preguntó.

Claro que él no lo había hecho deliberadamente. Simplemente ignoraba que sus pensamientos negativos habían originado toda la desventura que había experimentado.

Pero por fortuna, muchas personas son todo lo contrario; se consideran que tienen buena suerte, talentosos o bendecidos en otras formas, y como resultado, tales cualidades son manifestadas en sus vidas.

Probablemente ha oído la historia del vaso de agua medio lleno. Las personas positivas tienden a pensar que el vaso está medio lleno, mientras las negativas lo consideran medio vacío. Ambos puntos de vista son correctos. Sin embargo, ¿cuál grupo de personas cree que lleva una vida más feliz y abundante?

Estoy seguro de que muchas personas nacen con una predisposición hacia la positividad o negatividad. No obstante, esto puede ser cambiado. Si usted tiende a ver el lado triste o negativo de cada situación, puede usar la visualización creativa para cambiar su enfoque de la vida. Incluso si se ha vuelto negativo a consecuencia de sucesos que han ocurrido en el pasado, puede usar la visualización creativa para darle un giro a su vida y ser más positivo. Es importante que haga esto. Cuando pensamos de manera negativa, actuamos del mismo modo; nuestro lenguaje corporal, voz y actitud general revelan nuestra negatividad a otros, y, naturalmente, atraemos más negatividad.

Hace miles de años, Aristóteles enseñó que las imágenes eran una parte esencial del pensamiento, y que simplemente no podemos pensar sin imágenes. Él creía que la motivación ocurriría cuando alguien veía (o percibía) algo, o lo imaginaba, creando o recordando la imagen en su mente.[2] A través de los siglos, diferentes pensadores, tales como Alberto Magno, Santo Tomás de Aquino y Thomas Hobbes, expresaron conceptos similares. Sin embargo, en el siglo XIX y comienzos del siglo XX, esta visión fue atacada, porque las personas fueron consideradas como "autómatas conscientes". Como resultado, los psicólogos prácticamente ignoraron la visualización hasta que Robert Holt escribió un artículo llamado "Imagery: The Return of the Ostracized" en 1964.[3]

Nuestros pensamientos crean nuestra realidad. Cambiándolos y enfocándonos en lo que queremos en la vida, tenemos el poder de crear la vida que siempre soñamos.

Usted posee una imaginación magnífica y creativa. Todo empieza en la mente. Cada vez que tiene un pensamiento, está creando energía. Si alguien lo llama soñador, debería tomar esto como un cumplido, pues nada ocurrirá hasta después que alguien lo haya imaginado. Soñar despierto es valioso, porque nos permite pensar en lo que más deseamos en la vida.

Con la visualización creativa, utiliza la imaginación para crear una impresión clara de lo que desea. Una vez que lo haya hecho, debe seguir alimentando el pensamiento con energía y emoción hasta que se convierta en realidad. Debe concentrarse constantemente en el resultado que desea. Puede tener cualquier cosa que pueda visualizar; puede pedir algo y saber con total certeza que lo tendrá si aplica los principios correctos.

Sin embargo, debe ser específico. Pedir mucho dinero no es una buena idea. El dinero en sí no es de mucho uso; lo importante es lo que puede hacer con él. Por consiguiente, debe visualizar lo que piensa hacer con el dinero. ¿Desea una casa de un millón de dólares? Visualícela; imagínela lo más claro que pueda en su mente; visualice el número de alcobas que tendrá, observe lo bien ubicados que están los baños y la cocina, visualice los jardines y las vistas desde las ventanas. Pase todo el tiempo que quiera caminando en su nueva casa en la mente. Es mucho más fácil visualizar la vivienda deseada que pensar en montones de dinero.

Albert Einstein (1879–1955) es conocido por su teoría general de la relatividad, pero él también ideó formas totalmente nuevas de ver el tiempo, espacio y gravedad. Usó técnicas de visualización creativa a lo largo de su vida. Él dijo: "Palabras o lenguaje . . . no parecen jugar un papel en mi mecanismo de pensamiento . . . Mis elementos de pensamiento son . . . imágenes".[4]

Einstein tuvo la fortuna de asistir a una escuela que seguía los preceptos del educador suizo Johann Pestalozzi (1746–1827). Pestalozzi creía que el proceso de ecuación debía estimular el despliegue gradual de las capacidades innatas de una persona. La observación y visualización eran un factor decisivo en esto. En realidad, Pestalozzi consideraba el pensamiento visual como una de las características más poderosas de la mente, y creía que las imágenes eran el comienzo de todo conocimiento.

Einstein practicó esto durante toda su vida. A los 16 años de edad, usó la visualización creativa para determinar que la velocidad de la luz siempre era constante. Einstein visualizó un carro que perseguía un punto de luz. La teoría existente era que cuando el carro alcanzaba la velocidad de la luz, parecería que ni el carro ni el punto de luz estuvieran moviéndose desde la perspectiva de cada uno. En la visualización de Einstein, vio claramente que si él estuviera

sentado en el carro, el punto de luz se movería constantemente arriba y abajo mientras recorría la onda de luz.

Encontré un ejemplo interesante de visualización creativa en un libro llamado *This is Earl Nightingale.*[5] Earl
Nightingale contó la historia de un hombre que se había
vuelto sumamente rico en la industria maderera. Cuando
los periodistas le preguntaron cómo lo había logrado, él les
dijo que se sentaba todas las noches en un cuarto oscuro
y meditaba, tratando de visualizar cómo sería conducida
la industria de la madera en otros diez años. Ponía por escrito las ideas que le llegaban, y en seguida las desarrollaba
en su empresa. Sus sesiones de visualización nocturnas lo
ubicaron diez años delante de sus competidores, y como
resultado ganó millones de dólares.

Muchas personas usan la visualización creativa para lograr prosperidad, pero podemos usarla para casi cualquier
propósito. Podemos visualizar teniendo una pareja perfecta, un ascenso o nuevo puesto, un crecimiento espiritual,
buena salud y una vida familiar satisfactoria. Tal vez queramos ser más seguros de nosotros mismos o desarrollar una
personalidad atrayente. Podríamos eliminar estrés o preocupaciones, o progresar en nuestro deporte preferido.

Mientras trabajaba en este libro, descubrí un ejemplo
interesante de visualización creativa en el periódico. Michael Mayell, un empresario exitoso, describió cómo usó la
técnica para encontrar a su esposa. "Me senté y escribí una
lista de los atributos que debía tener una compañera, además de cosas que serían extras", dijo él. "Luego la visualicé

y afirmé, y simplemente supe que iba a atraer esta persona a mi vida".[6] Seis meses después, conoció a Melanie, quien finalmente se convirtió en su esposa.

No podemos usar la visualización creativa para forzar a otra persona a hacer algo. Eso afecta el equilibrio natural del universo y crea karma negativo. Por consiguiente, no podemos usar técnicas de visualización creativa para forzar a que una persona específica se enamore de uno. Sin embargo, se pueden usar estas técnicas para atraer la persona perfecta a nuestra vida.

Tengo una buena amiga que tuvo una serie de problemas en sus relaciones amorosas. Ella tiene un talento increíble para atraer perdedores, y a pesar de su total falta de éxito en el pasado, seguía pensando que de algún modo podía cambiar cada nueva pareja. Naturalmente, tarde o temprano, cada relación terminaba en desastre. Después de varias experiencias malas, decidió olvidarse de los hombres por completo y llevar una vida célibe. Esto tampoco funcionó. Finalmente aprendió las técnicas de visualización creativa, y halló al hombre apropiado. Él tiene todas las cualidades que visualizó, y encuentra difícil entender cómo pudo transmitir el mensaje equivocado al universo durante tantos años.

Este es sólo un ejemplo de alguien que usó la visualización creativa para atraer la persona indicada. Mi amiga finalmente envió al universo las cualidades que deseaba, y no pidió una persona específica indicando su nombre.

Un conocido mío llamado Brendan quería tocar el oboe. Había heredado un instrumento varios años atrás, y de vez en cuando pensaba en tomar clases. Cuando finalmente decidió hacer algo al respecto, no pudo encontrar un profesor. Encontró profesores de otros instrumentos, pero ninguno le sugirió a alguien en su ciudad que le pudiera enseñar a tocar el oboe.

Empezó a visualizarse teniendo clases regulares con un profesor maravilloso. Nada sucedió en varias semanas. Una noche, él y su esposa estaban en cine cuando el hombre sentado al lado de ellos pareció tener un ataque cardiaco. Brendan ayudó a acomodar al hombre y pidió una ambulancia; se sentó con el hombre y su pareja en el lobby hasta que llegaron los paramédicos. Una semana después, un corto anuncio apareció en el periódico local agradeciendo al desconocido por su ayuda, y pidiéndole que hiciera contacto. Brendan llamó al hombre y quedó encantado al descubrir que el ataque no había sido tan malo como creía. En el transcurso de la conversación, Brendan se enteró de que el hombre tocaba el oboe, y que con mucho gusto le enseñaría. El universo había permitido que la visualización de Brendan funcionara.

Tuve una experiencia similar hace un par de años. Había estado estudiando el I Ching, pero no estaba satisfecho con las interpretaciones imprecisas que este gran oráculo producía. Estaba a punto de abandonar mis estudios, cuando mi esposa sugirió que me visualizara aprendiendo el I Ching de un experto en el tema. Un mes después, me encontraba en un centro comercial y un anciano chino se me acercó. Él había asistido a una charla que yo había dado varios meses atrás, y quería agradecerme. Agradecí sus palabras, pero lo que dijo después me dejó perplejo: me preguntó si deseaba aprender el I Ching de él. Durante los dos últimos años he disfrutado clases semanales de este hombre, quien rechaza cualquier pago, pero me permite comprarle almuerzo después de cada clase.

Hace unas semanas salí a tomar unas copas con un amigo, quien me comentó los problemas que tenía con una familia que se había mudado a la casa contigua a la suya. Me dijo que la frase "vecinos del infierno" ni siquiera describía la situación. Todo lo que hacían lo molestaba, y estaba planeando decirles exactamente lo que pensaba de ellos. Le pregunté si creía que era buena idea. Él frunció los hombros y dijo que no pensaba en algo más que pudiera hacer.

Sugerí que se sentara tranquilamente y se visualizara teniendo una conversación agradable con los vecinos. Debía verse discutiendo sus inquietudes con ellos de manera amigable, calmada y razonable. Haciendo esto, podría aquietar una situación potencialmente peligrosa, e incluso encontrarlos agradables y amables. Él estuvo de acuerdo en intentarlo, y días después me dijo que había funcionado muy bien. Los vecinos estaban agresivos y enojados cuando él tocó en la puerta, pero pronto lo invitaron a entrar. Tuvieron una conversación agradable, y al final todos los problemas se habían resuelto. Mi amigo me acusó de poner un hechizo mágico en él, pero en realidad fue su visualización creativa lo que aseguró el éxito. En lugar de abordar a los vecinos esperando problemas, tocó la puerta pensando en una resolución positiva.

Este ejemplo muestra que la visualización creativa puede ser usada para casi todo, los únicos límites son los que nosotros mismos creamos.

Hay cuatro ingredientes esenciales para tener éxito en la visualización creativa. Primero, debemos visualizar nuestro objetivo "viéndolo" en la mente. El segundo paso es usar imágenes mentales; esto significa revestir el deseo con todos los sentidos posibles (el tacto, el gusto, el olfato, el sonido y la emoción). El tercer ingrediente es practicar; esto es un ensayo mental de todo lo que está involucrado para alcanzar nuestro objetivo. El cuarto ingrediente es la repetición; entre más visualicemos el objetivo, mejor.

Empecemos a ejercitar

Este primer ejercicio le enseñará lo básico de la relajación y visualización. Siéntese o acuéstese cómodamente. Por lo general uso una silla reclinable o el piso para esto. A menos que esté haciendo una visualización creativa en cama en la noche, rara vez me acuesto en ella para visualizar, pues usualmente me quedo dormido durante la etapa de relajación.

Póngase lo más cómodo posible. Asegúrese de que la habitación esté lo suficientemente cálida, o de estar cubierto con una manta. Use ropa floja. Desconecte temporalmente el teléfono, de modo que no sea interrumpido mientras hace el ejercicio. Baje las luces o cierre las cortinas.

Ahora va a hacer lo que se conoce como relajación progresiva, es llamada así porque se inicia en los dedos de los pies y progresivamente se relajan diferentes partes del cuerpo hasta quedar completamente relajado.

Cuando se sienta cómodo, cierre los ojos y tome tres o cuatro respiraciones lentas y profundas, sosteniendo la respiración por unos segundos cada vez antes de exhalar. Una vez que haya hecho esto, piense en los dedos de uno de sus pies. Yo siempre empiezo con mi pie izquierdo, pero no hace diferencia cuál pie escoja para iniciar. Dígales que se relajen, y permita que una sensación de relajación agradable entre en estos dedos. Si encuentra difícil hacer esto, mueva rápidamente los dedos por unos segundos y luego inténtelo de nuevo.

Una vez que los dedos de los pies estén relajados, deje fluir la relajación a su pie. Tome todo el tiempo que sea necesario para hacer esto, y luego pase la sensación agradable de relajación a través de los tobillos y arriba hasta los músculos de la pantorrilla. Cuando estos músculos se sientan relajados, permita que la sensación pase a sus rodillas y muslos.

Una vez que la pierna se sienta completamente relajada, concéntrese en los dedos del otro pie y gradualmente relaje también esa pierna. Cuando ambas piernas estén relajadas, deje que la relajación pase a su abdomen y suba hasta el pecho. Relaje un brazo, seguido por la mano y los dedos; repita con el otro brazo. Ahora pase la relajación a su cuello y cara, y extiéndala hasta la coronilla.

Ahora está casi totalmente relajado. Piense en los músculos alrededor de los ojos y deje que se relajen lo que más puedan. Finalmente, examine mentalmente su cuerpo buscando áreas que no estén completamente relajadas. Concéntrese en las áreas que encuentre hasta que también estén totalmente relajadas.

Ahora está relajado por completo. Es una sensación maravillosa que la mayoría de personas rara vez experimentan mientras están despiertas. También es muy beneficiosa, pues permite que cada célula del cuerpo se relaje. Cuando nos relajamos así, el cerebro produce ondas alfa y entramos al estado alfa, que es un estado de mayor conciencia y sugestibilidad.

La relajación es la primera parte de este ejercicio; la segunda parte es visualizar. Piense en alguien que conozca muy bien; podría ser su pareja, un compañero de trabajo o un amigo. No hace diferencia a quién escoja, siempre que conozca a la persona suficientemente bien para visualizarlo en su mente.

Podría ver a esta persona perfectamente en su mente. Esto significa que sería naturalmente visual. El sesenta por ciento de la población usa su sentido visual más que sus otros sentidos. Utilizan los otros sentidos, naturalmente, pero dependen principalmente de su sentido visual. Estas personas tienen la capacidad de ver algo claramente en la mente. Otras personas dependen más del sentido del oído, y son llamadas auditivas, y hay quienes confían en sus sensaciones y son llamados cenestésicos.

Si usted es naturalmente auditivo o cenestésico, podría encontrar difícil "ver" a alguien en su mente. Esto no importa. Entre más veces practique este ejercicio, mejor se desempeñará en él. Después de todo, cuando era un niño muy pequeño y no había desarrollado habilidades de lenguaje, usted usaba sus capacidades visuales todo el tiempo. Debido a que tenía la capacidad en ese tiempo, puede aprender a emplearla de nuevo. Incluso si nunca pasa la etapa de ver una vaga figura en su ojo mental, puede volverse un experto en visualización creativa. (Si quiere "ver" sus visualizaciones, el siguiente experimento le ayudará a desarrollar esta capacidad).

Para este ejercicio, lo necesario es imaginar la persona en su mente. Algunos "ven" la otra persona, y otros sienten su presencia. No hay una forma correcta o equivocada de hacer esto. El propósito de esta visualización es ver qué tan claramente puede imaginar a la otra persona.

Visualice su amigo lo más claro que pueda, y piense en un incidente que recuerde que involucró a esta persona. Podría ser algo trivial, tal como entrar a un auto o almorzar, o algo emocionante. De nuevo, no hace diferencia lo que sea. Experimente para ver qué tan claramente recuerda este incidente en su mente.

La etapa final de esta visualización es imaginar que usted y su amigo visitan un lugar que conoce pero no ha visitado con esta persona. Si usted y la otra persona nunca han ido al cine juntos, podría imaginar que los dos van al teatro, compran los boletos y entran a ver la película. De nuevo, no hace diferencia lo que decida hacer.

Una vez que imagine esto claramente, tome unas respiraciones lentas y profundas, estírese y abra los ojos. Felicitaciones. Ha dado un paso importante para llegar a ser un experto en la visualización creativa.

Practique este ejercicio tan a menudo como pueda. Sólo por diversión, escoja una persona diferente para visualizar. También visualice otros escenarios. Podría imaginar la sala de su casa cuando era pequeño. Un anciano amigo mío, solía disfrutar caminando por la calle principal del pueblo donde vivió en su infancia, visualizando todas las tiendas por donde pasaba.

Cómo "ver" más claramente

No es necesario que "vea" sus visualizaciones. Sin embargo, puede mejorar su capacidad al verlas, si lo desea. Examine una pintura o fotografía durante dos o tres minutos, y luego cierre los ojos. Vea si puede recordarla en su imaginación. Con la práctica, podrá recordar la imagen detalladamente.

También puede practicar en cualquier parte que se encuentre. Cierre los ojos y vea qué tanto recuerda del lugar donde está. No se preocupe si encuentra difícil "ver" algo claramente cuando empiece a intentarlo. Sea paciente, siga practicando y gradualmente su capacidad mejorará.

La mayoría de personas quiere omitir los experimentos iniciales y pasar directamente a una visualización creativa.

Sin embargo, avanzará más rápidamente si pasa un tiempo razonable trabajando primero en los ejercicios preliminares.

En el siguiente capítulo veremos el deseo, una de las cualidades esenciales de una visualización creativa efectiva.

CAPÍTULO DOS

¿CÓMO FUNCIONA?

"La imaginación es más importante que el conocimiento".
—ALBERT EINSTEIN

Recientemente, estaba en un avión que había despegado después de un largo retraso. Miré mi reloj y me di cuenta de que perdería mi vuelo de enlace. De inmediato, mi corazón empezó a latir más rápido. El pensar en mi conexión perdida creó sensaciones de pánico en mi cuerpo físico, demostrando que la mente controla el cuerpo.

El doctor A. R. Luria, famoso psicólogo ruso, probó esta realidad de forma diferente. Él encontró a un hombre que podía influir en su pulso con el poder del pensamiento. Este hombre le demostró al doctor Luria que podía empezar con un pulso normal de 70 latidos por minuto, aumentarlo a 100 latidos y luego regresarlo a 70. Cuando el doctor le preguntó cómo lo hacía, el hombre explicó que se visualizaba corriendo detrás de un tren que había empezado a salir de la estación; tenía que alcanzar el último vagón si quería viajar en el tren. Cuando pensaba en esto, su ritmo cardiaco se aceleraba. El doctor Luria le preguntó cómo mermaba de nuevo el ritmo cardiaco. El hombre dijo que simplemente se imaginaba en la cama en la noche, esperando quedarse dormido.[1] El cuerpo físico del hombre no distinguía la diferencia entre la visualización y la realidad, y actuaba de acuerdo a eso.

La visualización creativa funciona exactamente del mismo modo. La mente subconsciente no distingue entre la realidad y los pensamientos e imágenes que creamos en nuestra imaginación. Por consiguiente, lo que visualizamos es aceptado como verdad por la mente, y finalmente se hace realidad. En la obra *Journal of Mental Imagery*, David Marks escribió: "Los estímulos imaginados y los estímulos perceptivos o 'reales' tienen un estado cualitativamente similar en nuestra vida mental consciente".[2]

Por consiguiente, si está experimentando limitaciones en su vida, es debido a que ha manifestado eso inconscientemente. Una vez que reconozca que vive en un mundo abundante, empezará a manifestar abundancia. Cuando comience a visualizar la abundancia como su realidad, se manifestará en su vida.

Los estímulos imaginados también influyen en el cuerpo físico. En 1980, el doctor Richard Suinn reportó un experimento que había conducido para determinar los efectos de la visualización creativa en la actividad eléctrica en los músculos. Se le pidió a un esquiador alpino que se visualizara realizando maniobras cuesta abajo. Los electrodos sujetados a los músculos de su pierna, registraron patrones eléctricos similares a los que hubieran sido captados, si realmente hubiera estado esquiando.[3]

El cerebro ve y almacena información como imágenes o símbolos. Lo fascinante de esto es que el cerebro procesa información de todos los sentidos —vista, oído, gusto, olfato y tacto— del mismo modo. Sin importar cómo sea recibida la información, es almacenada como una imagen.

Por eso es que los símbolos tienen un efecto tan poderoso sobre nosotros. La bandera norteamericana es un buen ejemplo; para los norteamericanos evoca imágenes de patriotismo y orgullo. Para la gente que vive en otras partes del mundo occidental, la bandera norteamericana es un símbolo de los Estados Unidos de América, y de inmediato trae a la mente pensamientos tan variados como la "búsqueda de la felicidad" y el pastel de manzana. Una bandera es un símbolo visual, pero los símbolos no necesitan ser visuales. Oír una canción patriótica en la radio produce la misma respuesta, porque el cerebro automáticamente convierte el sonido en imágenes mentales.

Las imágenes que creamos en la mente nos influencian enormemente. Imagine su reacción si un total desconocido le hiciera un gesto grosero mientras usted camina por una calle. En fracción de segundo, su agradable caminata cambiaría completamente. Si es afortunado, pasará por alto esto o se reirá del incidente, pero muchas personas piensan en él durante días, semanas e incluso meses después. Esto se debe a las imágenes que llegaron a la mente a consecuencia de la acción ofensiva.

Las imágenes que ponemos en nuestra mente son iguales de poderosas. ¿Cómo se siente un adolescente mientras trata de armarse de suficiente confianza para invitar a salir a una chica? Más adelante en la vida, es probable que experimente imágenes negativas similares en su mente, cuando piense en pedirle un aumento a su jefe.

Estas imágenes negativas son tan poderosas que pueden crear estrés, tensiones e incluso enfermedades, pero las imágenes positivas, puestas deliberadamente en nuestra mente, crean sensaciones positivas y tienen el poder de cambiar nuestra vida para bien. Este es uno de los muchos beneficios de la visualización creativa.

La visualización creativa es el proceso de visualizar lo que deseamos hasta que sea realidad. Primero que todo, debemos decidir cuál es nuestro deseo. Luego tenemos que concentrarnos claramente en él hasta que se manifieste en nuestra vida.

Usted posee una excelente imaginación, y como todos los demás, la usa para pensar en las cosas que le gustaría tener. Probablemente ha notado, que pocos de estos sueños de vigilia se manifiestan en su vida cotidiana. La razón para esto es que no los desea lo suficiente. Quiere esto, pero también quiere eso, y algo más también parece interesante. Su mente se confunde con todos los mensajes contradictorios, y nada se concluye; son sólo sueños de vigilia.

La visualización creativa es completamente distinta. Funciona porque nos enfocamos en el deseo, y lo alimentamos con energía positiva; requiere un deseo fuerte y una creencia firme en que lo que se pide se hará realidad. He oído describir la visualización creativa como "concebir, creer, recibir".

La visualización creativa es conocida con varios nombres: Imágenes creativas, sueños de vigilia guiados, imaginación dirigida, meditación del guía interior, imágenes mentales o el camino a seguir. Estos son algunos de los otros nombres que podemos encontrar. En magia, el término "imaginación deseada" significa visualización creativa.

Hay muchas áreas en las que la visualización creativa puede dar buenos resultados. Algunas personas creen que es un poder espiritual, y que una fuerza divina permite que sus deseos se hagan realidad. Otras creen que el poder viene de dentro de ellas.

Creo que es un proceso de dos pasos. Nuestras mentes son como imanes que atraen aquello en que más nos concentramos. Los pensamientos son la fuerza más poderosa en el universo. Casi todo lo que damos por sentado en nuestra vida cotidiana, es el resultado de los pensamientos de alguien. La televisión, el automóvil, la computadora e incluso el cepillo de dientes fueron en algún momento sólo una idea en la cabeza de alguien.

Sólo después de que alguien ha tenido el pensamiento, éste puede manifestarse. Todo empieza en la mente. Un artista tiene la concepción de lo que está tratando de crear antes de empezar a pintar. Un chef tiene una idea clara de la comida que va a preparar antes de comenzar. Cuando despertamos en la mañana, tomamos la decisión de pararnos de la cama antes de realizar la acción. El pensamiento precede el resultado; dicho de otra forma, el resultado proviene del pensamiento.

Por consiguiente, debemos tener mucho cuidado con lo que escojamos pensar. Tenemos que elegir cada minuto de cada día. Podemos pensar en éxito o fracaso, enfermedad o salud, prosperidad o pobreza, amor u odio. Naturalmente, nadie quiere estar enfermo, pobre o abandonado. Sin embargo, las personas atraen estas cosas teniendo malos pensamientos. Aquello en que enfoquemos nuestra mente, finalmente será realidad. La mente crea energía; los pensamientos y acciones crean un campo energético que atrae lo que pensamos.

Por lo tanto, si concentramos nuestras energías en un objetivo específico, la menta atraerá lo que deseamos. Para hacer esto necesitamos la fe y el deseo.

El primer paso es usar la imaginación para decidir lo que queremos. El segundo paso es concentrarse en este pensamiento para atraerlo a nosotros, exactamente del mismo modo que un imán atrae partículas metálicas. Debemos adicionar sentimiento y emoción a este pensamiento. Véalo, siéntalo, pruébelo, huélalo; imagine su deseo usando todos los sentidos posibles.

Recientemente tuve una conversación con alguien que me dijo que siempre estaba pensando en dinero, sin embargo, se encontraba en la ruina. Seguramente, si lo que le dije era correcto, él tendría mucho dinero. Desafortunadamente, estaba pensando en su falta de dinero, y eso era lo que el universo le daba. Este hombre necesitaba cambiar sus pensamientos acerca del dinero antes de experimentar la abundancia.

Un hombre a quien conozco muy bien se acerca a los cuarenta, pero nunca ha tenido una novia. Aburre a todo el mundo con la triste historia de su falta de amor. De nuevo, él está cosechando lo que siembra. Él se sumerge en la autocompasión y todavía no está preparado para escuchar sugerencias que podrían ayudarlo.

La actitud es vital. Imagine una confrontación entre dos boxeadores de iguales condiciones, uno con actitud positiva hacia la competencia y seguro de que ganará, y el otro con actitud negativa y pensando en no quedar en ridículo; ¿cuál cree que ganará? Tienen la misma capacidad, pero sólo uno tiene actitud positiva; ese boxeador está seguro de que ganará. Agregando visualización a esta actitud positiva, sería prácticamente imbatible, pues estará enfocado en un resultado exitoso.

Piense en el resultado que desea y concéntrese en eso. Es importante que aclare sus objetivos para asegurar que lo que atrae es lo que quiere. Una vez que sepa lo que quiere, visualícelo lo más a menudo posible, véase realizando todos los pasos necesarios para crear lo que desea. Si hace esto concienzudamente, es sólo cuestión de tiempo antes de que se haga realidad en su vida. Puede crear la vida que quiera escogiendo lo que piensa.

Esta es una ley universal, conocida como la Ley de Manifestación. Puede manifestar todo lo que desee. Cuando visualice claramente su objetivo, la ley entrará en acción, y la mente universal permitirá que ocurra. Repita sus visualizaciones, creyendo que se harán realidad, y deje que esta ley universal actúe para usted.

CAPÍTULO TRES

EL PODER DE LA CREENCIA

*"Podemos creer en lo que elegimos. Somos responsables
de aquello en que elegimos creer".*

—JOHN HENRY NEWMAN

Nuestras creencias no son lo mismo que nuestra fe. Las creencias son el resultado de toda la información consciente e inconsciente que hemos aceptado como cierta a lo largo de la vida. Nos comportamos como lo hacemos debido a las creencias que hemos creado, pero estas creencias a menudo nos impiden ver todo el panorama, porque vemos la vida a través de un filtro creado por ellas. En otras palabras, vemos sólo lo que queremos ver, en lugar de lo que en realidad está ahí.

Durante muchos años creí que no tenía capacidad para aprender idiomas, porque mi profesor de francés en la secundaria me lo había dicho y yo le creí. Me veía como un "fracasado" en el aprendizaje de idiomas extranjeros. Sin embargo, hace como unos quince años descubrí que podía hacerlo. Viajo mucho, y pensé que sería bueno aprender algunas palabras extranjeras que podría usar en los países que visitaba. Para mi encanto y sorpresa, descubrí que era fácil aprender suficientes palabras y frases de otras lenguas para ordenar comidas, preguntar direcciones e intercambiar cortesías. El proceso de aprendizaje fue estimulante y emocionante, y han hecho mis viajes mucho más agradables.

¿Por qué pude de repente memorizar palabras de una lengua extranjera, si no había podido hacerlo cuando era niño? Mis creencias habían cambiado. Me habían dicho que era pésimo para los idiomas, por consiguiente, como siempre creí en eso, lo fui. Tan pronto como descubrí lo divertido que podía ser aprender un nuevo idioma, mis creencias cambiaron, y dejé de ser alguien sin posibilidad de hacerlo.

Como resultado, aprendí a cuestionar mis creencias. Nadie quiere cambiar sus creencias, porque esto significa cambiar el mundo entero en que viven. Muchas personas se niegan a cuestionar sus creencias, porque es más seguro vivir con creencias erróneas que enfrentarlas.

Tuve problemas con las lenguas extranjeras, pero muchas personas tienen un problema mucho más serio: no creen que pueden tener lo que quieren. Esto es más grave porque afecta todos los aspectos de sus vidas. Muchos creen que el éxito, la prosperidad y la buena suerte son simplemente cuestión de buena suerte y están totalmente fuera de su alcance. La verdad es que su vida es exactamente como es ahora debido a las elecciones que ha tomado.

Muchas de nuestras creencias autolimitantes vienen desde la infancia. Cuando somos niños aceptamos incuestionablemente lo que nos dicen las personas importantes de nuestra vida, tales como padres y maestros. Si su madre le dijo cuando tenía nueve años de edad, "no eres bueno en matemáticas, pero eres magnífico en inglés", probablemente creció creyendo que era bueno en inglés y malo en matemáticas; y esa creencia se habrá convertido en su realidad.

Las creencias de las personas cercanas a nosotros también tienen un efecto profundo. Si durante su niñez sus padres siempre decían, "el dinero no crece en los árboles", "sólo los ladrones hacen dinero" o "nunca seremos ricos", es muy improbable que sea rico actualmente.

Las creencias controlan todos los aspectos de nuestra vida. Por eso es tan importante creer en nosotros mismos. Cuando creemos en algo, el cerebro actúa de acuerdo a ello. ¿Ha oído que cuando un aborigen "apunta el hueso" a alguien, esta persona muere? Este es un ejemplo extremo de creencia. La persona a quien le apuntaron el hueso cree que esto le causará la muerte, y su mente renuncia a la voluntad de vivir. Una vez que sucede, es sólo cuestión de tiempo hasta que fallezca.

Otro ejemplo es correr una milla en menos de cuatro minutos. Antes de que Roger Bannister corriera una milla en menos de cuatro minutos, nadie creía que fuera posible. Cuando él rompió esa barrera, cientos de corredores pudieron hacer lo mismo. ¿Por qué pasó esto? Porque creyeron que podían.

¿Cree que es digno de todas las cosas buenas que la vida ofrece? ¿Cree que podría ganar varias veces su ingreso actual? ¿Cree que es simpático? Sus respuestas a estas preguntas muestran el poder de la creencia. Henry Ford dijo una vez: "Si crees que puedes o no puedes, tienes la razón".

Hace muchos años, un hombre joven a quien llamaré Jason, vino a mí para que le ayudara a ganar confianza en sí mismo. Él trabajaba con un grupo de personas agradables. Todos los días, sus compañeros iban a la cafetería del personal para almorzar. Sin embargo, Jason nunca se unía a ellos, y permanecía en su escritorio donde comía y leía el periódico. Él pasaba la hora del almuerzo sintiéndose solo y triste, y no se unía a sus colegas porque creía que no podía entrar a la cafetería. Cuando empezó a trabajar en la corporación, le dijeron dónde estaba la cafetería. Cuando llegó la hora del almuerzo, él abrió la puerta para entrar, y las personas que ya estaban comiendo voltearon a ver quién estaba entrando. Esto traumatizó a Jason, quien regresó a su escritorio y nunca volvió a ir a la cafetería. En realidad, pasar la puerta de ese lugar se había convertido en un obstáculo insuperable, porque él creía que no podía hacerlo.

Por fortuna, fue sencillo ayudarlo a cambiar sus creencias. Cuando se dio cuenta de que la puerta era sólo una puerta, y las personas al otro lado eran sus colegas, pudo entrar sin dificultad alguna. Sus colegas quedaron encantados de que él hubiera decidido unírseles, y Jason se preguntó por qué la puerta había sido un problema tan grande.

Muchas personas tienen problemas de este tipo, los cuales parecen poco importantes para otros, pero son perjudiciales para quienes los padecen. Es posible usar la visualización creativa para cambiar nuestras creencias negativas arraigadas.

Con creencias positivas cimentadas podemos lograr prácticamente todo. Cada vez que vemos un golfista profesional golpeando la bola, vemos a alguien que cree en sus habilidades. Antes de golpear la bola, el golfista imagina hacerlo de manera perfecta, y visualiza un golpe perfecto. Imagine cuánto tiempo duraría un golfista profesional sin la creencia en su capacidad.

¿Usted se considera una persona agradable? Si es así, otros también pensarán que lo es, porque los saluda con una sonrisa y expresa un agrado auténtico al saludarlos. ¿Actuaría de esta forma si interiormente creyera que es tímido o antipático?

Hace muchos años conocí a una mujer que creía que la mayoría de gente quería robarla o aprovecharse de ella. ¿Cree que ella abordaba a las personas que conocía de manera abierta y amigable? Por supuesto que no. Un enfoque amigable no sería posible hasta que cambiara sus creencias.

Nuestras creencias labran nuestra vida. El poder de una creencia es increíble. Las creencias limitantes hacen difícil que tengamos la vida que deseamos. La buena noticia es que es posible cambiar nuestras creencias.

Las creencias se desarrollan gradualmente mientras vivimos como resultado de las experiencias que tenemos. Las experiencias buenas nos ayudan a crear y reforzar las creencias positivas; las experiencias negativas hacen lo contrario. Aunque las creencias tienen un efecto tan increíble en nuestra vida, es asombroso que pocas personas traten de cambiarlas.

Pero no es difícil de cambiar. Nos convertimos en lo que nos enfocamos. Si constantemente moramos en experiencias difíciles del pasado, poco a poco seremos personas negativas. Sin embargo, una vez que reconocemos la negatividad, y empezamos a llenar la mente con actitudes y pensamientos positivos, con el tiempo mejora toda nuestra vida.

El siguiente es otro ejemplo de alguien que creía que los poderes del universo le ayudarían a alcanzar sus metas. Simone compró una casa antigua en una parte exclusiva de la ciudad en que vivía, en el momento en que los precios de las propiedades habían alcanzado cifras históricas. Su intención era mudarse a la casa con su nueva pareja. Desafortunadamente, la relación terminó antes de que se mudaran, y Simone quedó con una casa demasiado grande para una persona.

Ella era estudiante de visualización creativa. Visualizó un inquilino perfecto, alguien que le gustara la casa tanto como a ella, y la cuidara y pagara la renta a tiempo. Aunque había un excedente de propiedades para rentar, Simone encontró el inquilino ideal en cuestión de días. Ella creía que hallaría a esta persona, y el universo le envió el inquilino perfecto.

Otro de mis conocidos se equivocó cuando escogió un nuevo gerente de ventas para su empresa. Durante los tres meses siguientes, todo el personal de ventas se retiró, llevándose su conocimiento y experiencia. Después de crear caos en la empresa, el gerente de ventas también renunció. Para el asombro de todos los que lo conocían, Robert no se desesperó; más bien, decidió considerar la situación como un reto.

En sus sesiones regulares de visualización creativa, Robert visualizó el gerente de ventas ideal. Uno por uno, a veces de formas inesperadas, reunió su equipo de ventas otra vez, y su empresa está teniendo éxito mejor que nunca.

Le pregunté si había dudado que las visualizaciones funcionaran.

"Ni por un momento", me dijo. "Sabía que funcionarían; siempre lo hicieron en el pasado, por eso creía que lo harían esta vez".

Fred Smith, el fundador de FedEx, creyó en la posibilidad de un servicio de entrega de correo de un día para otro a nivel nacional. Mientras era estudiante en la Yale University, escribió un artículo que esbozaba su visión. El artículo recibió una calificación promedio, y su profesor le hizo esta observación: "La propuesta es interesante y bien formada, pero para obtener más que una C, la idea debe ser factible".[1] Sin embargo, Fred Smith creyó en su visión y la hizo realidad.

Para ser lo que deseamos, es esencial que creamos en nosotros mismos y actuemos de acuerdo a esa creencia. Muchas personas esperan que parientes, amigos y colegas les den lo que quieren, en lugar de tomar la iniciativa y manifestarlo por sí mismas. Cuando dependemos de otros, les otorgamos nuestro poder personal. No descarte sus esperanzas, sueños y ambiciones porque otros dudan de usted o lo detienen de otras formas. ¿Cree que Cristóbal Colón habría cruzado el Atlántico sin creer en sí mismo y en sus capacidades?

El poder de la creencia es ilimitado. Lo que aceptamos mentalmente y consideramos cierto, finalmente ocurrirá. Por consiguiente, debemos creer en la buena fortuna, el amor, la bondad de la humanidad y especialmente en nosotros mismos. Una de mis citas preferidas de la Biblia es: "Pidan, y se les dará; busquen, y hallarán; toquen, y se les abrirá" (Mateo 7:7). Jesús dijo: "Todas las cosas son posibles para el que cree" (Marcos 9:23). Crea en sí mismo y pida lo que desea.

La prueba del cuerpo

Este ejercicio es un experimento en la creencia. Antes de empezar, piense en algunas cosas que le gustaría hacer, ser o tener, en los próximos doce meses. Puede relacionarse con cualquier área de su vida. Podría desear un aumento de sueldo, unas vacaciones en un crucero o un nuevo régimen de salud. Cuando tenga en mente algunas posibilidades, decida cuál de estos objetivos es el más importante para usted.

Siéntese tranquilamente y realice el ejercicio de relajación descrito en el capítulo anterior. Una vez que se sienta totalmente relajado, empiece a pensar en su objetivo más importante. En su mente, visualícese realizando este objetivo. Cuando haya hecho esto, perciba su cuerpo físico, relajado y totalmente tranquilo. Pregúntele a su cuerpo si lograr esta meta sería bueno para usted. Haga una pausa y vea si su cuerpo reacciona de algún modo, podría sentir una ligera tensión en los músculos del área del plexo solar, notar que su corazón late un poco más rápido, o no observar nada en absoluto.

Tome unas respiraciones profundas y haga que su cuerpo quede totalmente relajado otra vez. Pregúntele a su cuerpo si sus creencias personales le permiten lograr este objetivo. Haga otra pausa y observe lo que sucede. Repita esto varias veces, preguntándose si está preparado para pagar el precio de la realización de este objetivo, si estará más feliz cuando lo haya logrado, y si su vida mejorará de algún modo cuando eso pase. Finalmente, pregúntese a sí mismo si cree sinceramente que puede alcanzar esta meta.

Piense en su objetivo otra vez durante uno o dos minutos, y luego cuente lentamente hasta cinco y abra los ojos. Antes de regresar a su rutina diaria, piense en los mensajes que su cuerpo puede haberle enviado. Si permaneció tranquilo y totalmente relajado todo el tiempo, sus creencias personales no impedirán que logre su propósito. Sin embargo, si su cuerpo reaccionó de algún modo, deberá hacer un trabajo en sus creencias y luego desarrollar este ejercicio de nuevo. Es imposible que logre un objetivo si no cree que puede realizarlo. Proverbios 23:7 lo dice de esta forma: "Como un hombre piensa en su corazón, así es él".

Naturalmente, puede repetir este ejercicio las veces que quiera, para probar cualquier cosa que desee ver manifestada en su vida.

Cómo cambiar creencias erróneas

Este es un ejercicio que usted puede hacer cada vez que tenga problemas en un área de su vida. Todo lo que necesita hacer es poner por escrito las creencias que tenga respecto a dicha área. Si está teniendo problemas en sus relaciones personales, escriba todo lo que piensa respecto a sus creencias en esta área. Si tiene problemas de salud, escriba sus creencias acerca de la salud. Haga lo mismo si sus problemas son económicos.

No haga pausas para evaluar o censurar lo que escribe. Nadie debe ver lo que usted ha escrito. Se sorprenderá de lo que surge de su mente subconsciente con este ejercicio.

Cuando haya escrito todo lo que llegue a su mente con respecto a esta área de su vida, evalúe bien sus creencias. Vea cuántas de ellas puede cambiar para crear nuevas creencias. Por ejemplo, si tiene la creencia de que es difícil hacer amigos, escríbala de nuevo así: "Encuentro fácil hacer amigos". Use esta nueva frase como una afirmación (vea el capítulo ocho) hasta que sea una parte natural de su vida.

Hace muchos años, alguien acudió a mí para que le hiciera una lectura palmar porque su empresa de mecanografía estaba fracasando. Esto fue a comienzos de los años ochenta, cuando las computadoras personales estaban afectando dramáticamente el trabajo de las máquinas de escribir tradicionales. Había llegado a creer que no quedaban oportunidades para sus máquinas, y que tal vez debería acabar con la empresa. También tenía otras creencias limitantes; creía que debíamos trabajar duro para todo, que algo siempre salía mal, y que no importaba lo que él hiciera porque nunca saldría adelante. Hice que escribiera todas estas creencias, y luego las reescribiera de la forma que le gustaría que fuera su vida. Después de varios minutos, hizo la siguiente lista:

- Hay muchas oportunidades para mecanógrafos.

- Logro mis objetivos con gran facilidad.

- Los asuntos siempre terminan bien para mí.

- Progreso fácilmente.

- Alcanzo todas mis metas.

- Merezco tener éxito.

- Me quiero y respeto a mí mismo.

Él se sorprendió cuando leyó esta lista, y dudó que pudiera lograr alguna de las afirmaciones. Sugerí que trabajara en una o dos a la vez, y durante un período de meses, eliminó sus creencias destructivas y las reemplazó con las nuevas creencias positivas que había escrito. Actualmente, más de veinte años después, su empresa todavía está próspera y él es sumamente exitoso.

En el capítulo siguiente veremos la otra cualidad esencial necesaria para usar la visualización creativa eficazmente: el deseo.

CAPÍTULO CUATRO

DESEO

"Deseo: el punto de partida de todo logro".
—NAPOLEON HILL

El deseo es una parte esencial de la visualización creativa. Nada puede detener el progreso de alguien con un deseo suficientemente fuerte. No tiene sentido usar la visualización creativa para un capricho ocioso. Sin embargo, cuando se está involucrado algo que deseamos mucho, estaremos preparados para enfocarnos en ello hasta que sea una realidad en nuestra vida.

Hace muchos años, fui a una exposición de autos con un amigo. Pasamos un rato muy agradable mirando los hermosos autos nuevos. Recuerdo que mi amigo estuvo varios minutos examinando un Porsche.

"Sería bueno tener un auto como ese", me dijo.

¿Usted cree que en la actualidad él es un orgulloso dueño de un Porsche? "Sería bueno" es una afirmación vaga, sin peso y de poca fuerza. Si hubiera dicho, "lo quiero", muy probablemente estaría conduciendo su Porsche hoy día. "Lo quiero" refleja un deseo.

Posiblemente conoce las palabras de Jesús: "Pidan, y se les dará (Mateo 7:7, Lucas 11:9). Ese es un ejemplo de deseo en acción. Jesús nos dice que pidamos a Dios que nos dé lo que deseamos. Esta cita también demuestra la abundancia del universo: hay más que suficiente para todos y podemos desear todo lo que queramos. Tampoco hay mención de exclusividad. Cualquiera puede pedir, y recibirá.

Querer algo no es suficiente. Tener esperanza y desearlo no asegura el éxito; usted necesita pasión. Debe desearlo con cada fibra de su ser. Al hacerlo, enlaza las energías del universo para atraer su deseo.

Es fácil determinar la profundidad del deseo. A veces es evidente. Si siempre ha soñado con ser una estrella de cine y está resuelto a superar lo que se atraviese en el camino de su sueño, posee un deseo fuerte. Sin embargo, no siempre, o incluso usualmente, es tan fácil como esto. Por ejemplo, si estamos pensando en mudarnos, debemos determinar el nivel de deseo. Mudarse a una nueva casa porque parece buena idea, no es un deseo. Es un capricho pasajero, y podemos o no realizarlo finalmente. No obstante, si queremos mudarnos por una razón importante, tal como estar más cerca de una escuela, o porque necesitamos más espacio para que parientes puedan venir y quedarse, tenemos una buena razón para mudarnos. Esto significa que deberíamos visualizar la nueva casa. Es buena idea que se cuestione a sí mismo cada vez que piense visualizar algo. Pregúntese por qué lo desea realmente. Si genera buenas respuestas, es probable que tenga suficiente deseo para visualizar lo que sea.

Cuando era niño quería una bicicleta. Constantemente pensaba en la independencia, exploración y libertad que me brindaría tener una. Varios de mis amigos ya tenían, lo cual significaba que podían ir y volver de la escuela en bicicleta. Odiaba el sonido de sus campanillas cuando pasaban junto a mí en el recorrido hacia la escuela en las mañanas.

Mis padres dijeron que si me iba bien en los exámenes me comprarían una bicicleta para Navidad. Esto me motivó al principio, pero luego de una o dos semanas, volví a mis viejos hábitos.

Una mañana, varias semanas antes de la Navidad, un amigo llegó a la escuela muy emocionado. Su hermano mayor y un grupo de amigos habían ido a una fábrica y solicitado un guía para recorrer las instalaciones. No sólo les permitieron la visita, también recibieron al final varias muestras de los productos que la compañía producía. Junto con mis amigos empezamos de inmediato a pensar en los lugares que podríamos visitar, y en todas las muestras gratis que nos regalarían. El primer lugar que decidimos visitar fue una fábrica de helados de crema. El problema era que yo era el único que no tenía bicicleta, y debido a que los lugares que pensábamos visitar estaban en diferentes partes de la ciudad, tenía que estudiar bastante para los exámenes para ganarme la bicicleta.

Ese era el incentivo que necesitaba. Constantemente pensaba en la bicicleta que iba a recibir, y en todas las muestras gratis de helados y juguetes que nos darían en las fábricas que visitaríamos. En mi mente, me veía montando en mi bicicleta nuevecita, e incluso saboreando los helados. Empecé a estudiar con mayor vigor y me fue mejor que nunca en los exámenes de la escuela.

En la víspera de Navidad, mi padre me llevó al almacén de bicicletas para que escogiera una, y orgullosamente volví a casa en ella. Durante el año siguiente, mis amigos y yo visitamos muchas fábricas y recibimos muchas muestras gratis, pero la mejor fue el helado que nos dieron en la primera fábrica que decidimos visitar.

Ese es el primer caso que recuerdo en el que usé la visualización creativa. Naturalmente, no tenía idea que eso era lo que estaba haciendo. Todo lo que sabía era que deseaba tanto una bicicleta, que estaba preparado para hacer cualquier cosa, incluso estudiar, a fin de lograr mi objetivo.

Quería una bicicleta, y cuando me prometieron una para Navidad si mejoraba en la escuela, trabajé duro por un tiempo, pero luego me rendí. Sólo cuando el deseo fue adicionado, quedé preparado para hacer el esfuerzo necesario para lograr mi objetivo.

Cuando alguien desea algo con sinceridad, usualmente está cerca de lograrlo. Cualquier obstáculo será superado, sin importar qué tan desafiante sea, porque la persona tiene la resolución, tenacidad y voluntad necesarios para alcanzar la meta. El deseo de éxito es una de las fuerzas más poderosas en el mundo.

Debemos alimentar e intensificar constantemente nuestros deseos, pues tienen el poder de llevarnos a las alturas que de otra manera no soñaríamos alcanzar. Las personas con deseos fuertes pueden lograr objetivos aparentemente imposibles. Las personas con deseos débiles se dan por vencidas fácilmente y rara vez realizan su potencial total.

Vince Lombardi, el famoso entrenador de fútbol americano, dijo, "ganar no es todo, pero sí lo es querer ganar". Un buen atleta tiene un deseo de triunfar tan fuerte y poderoso que nada le impide ganar.

Un deseo fuerte, tal como ganar un juego en particular, tiene un propósito definido. El propósito es lo que hace que todo en la vida valga la pena. Denis Waitley y Reni L. Witt escribieron: "Sin un propósito, el trabajo y la vida se vuelven ejercicios sin sentido en futilidad . . . Sin un sentido de propósito, el trabajo se convierte en una prisión".[1]

Cuando estaba creciendo, conocí un hombre que pasaba por nuestra casa cada dos semanas, arrastrando un cortacésped. Me daba lástima, hasta que alguien nos dijo que él era millonario. El hombre llevaba el cortacésped para usarlo en sus propiedades. Lo que hizo esta historia aun más extraordinaria para mí fue que él hablaba muy poco inglés. Había llegado como refugiado, sin familia ni posesiones; sin embargo, en varios años se había vuelto rico. Cuando le pregunté al respecto, puso las manos en su corazón y me dijo que tenía pasión. "Con pasión podemos lograr cualquier cosa", me dijo. No estaba completamente seguro de lo que el hombre quería decir en ese momento, pero recuerdo que sus palabras las dijo con pasión, y le creí.

El siguiente es un experimento interesante si todavía no está seguro de lo que desea. Siéntese tranquilamente y piense en algo que le gusta hacer mucho. No importa si se relaciona con su trabajo, vida de hogar o pasatiempos. Una vez que tenga algo en mente, vea hasta dónde puede llevar la idea sin que se torne imposible. Por ejemplo, tal vez disfrute crear mosaicos. Mientras piensa en este hobby, podría considerar enseñar este arte a otras personas. Luego podría pensar en ganarse la vida haciendo bellos mosaicos para vender. Tal vez esta idea lo estimule a pensar que puede crear grandes esculturas en mosaico para que las personas tengan en sus jardines. Si este es su hobby, debe seguir generando ideas de esta forma hasta que llegue a un punto que parezca imposible. Cuando llegue a este punto, piense en ello uno o dos minutos, y vea si la idea está dentro de los límites de la posibilidad después de todo. Si lo está, ese será su objetivo; si todavía parece imposible, regrese a la idea que se le ocurrió justo antes de la última, y vea si parece posible. Está buscando un objetivo, dentro de un área que le gusta, pero un objetivo que lo emocione y lo aterrorice al mismo tiempo. Esta puede ser su magnífica obsesión.

Tal vez piense que esto es bueno si tiene un pasatiempo creativo, ¿pero qué pasa si no tiene habilidades especiales? Tomemos algo tan trivial como ver novelas en televisión. Si piensa en eso, podría volverse un crítico de programas de televisión. Lleve esto un paso más adelante. Podría establecer un club de aficionados para otras personas que disfrutan su programa favorito. Es probable que consiga un trabajo en televisión. ¡Eh, tal vez llegue a ser un productor de televisión!

Un amigo mío está viviendo el sueño de su vida como resultado directo de hacer este ejercicio. Él era un maestro de escuela que le gustaba hacer trucos de magia como pasatiempo. Su primera idea fue que podría hacer espectáculos de magia para niños los fines de semana y ganar un poco de dinero extra. Esto lo llevó a pensar que podría ser un mago de tiempo completo. Al final, encontró la idea que lo emocionó y asustó al mismo tiempo: realizar su acto de magia en cruceros marítimos. Actualmente, me envía tarjetas postales desde todas partes del mundo.

Una vez que sabemos lo que queremos, y tenemos un propósito definido, hemos fijado un objetivo. Los objetivos requieren acción. Sin embargo, antes de que empecemos a hacer, debemos primero "ser".

CAPÍTULO CINCO

DEJE DE ESFORZARSE
SIN SENTIDO

"Sin este juego con fantasía ningún trabajo creativo ha surgido. La deuda que tenemos con el juego de la imaginación es incalculable".

—Carl Jung

Existe el viejo dicho de que las únicas personas que no sufren de estrés están en los cementerios. Naturalmente, hay estrés bueno y estrés malo. Necesitamos cierto grado de estrés positivo para realizar algo, pero el estrés negativo es debilitante, e incluso puede matar a quienes lo sufren.

Actualmente, hay más estrés que nunca en la gente. Las presiones económicas, problemas en las relaciones personales, el tráfico cada vez más congestionado, y la constante presión para avanzar en la carrera o profesión, crean tensiones negativas que al final pueden conducir a enfermedades o incluso la muerte prematura. La vida se ha convertido en una noria para muchas personas.

Estoy seguro de que usted conoce personas que parecen tranquilas sin importar la situación en la que se encuentren. Estas personas afortunadas poseen paz interior. Debido a que están en paz consigo mismas, cada aspecto de sus vidas es tranquilo. Compare esto con alguien que siempre esté estresado y acosado. Eso es lo que muestra exteriormente, pero también revela lo que pasa en su interior.

Para ser más efectivos en la visualización creativa, debemos buscar calma y paz interior. Cuando estamos relajados y tranquilos interiormente, podemos concentrarnos mejor y lograr mucho más.

Un ejercicio útil y muy beneficioso es pasar tiempo cada día en total silencio. Debería comenzar con pocos minutos y aumentar hasta quince minutos cada día. Esto no es tan difícil como parece, pero vale la pena aprenderlo, pues hará que todas las áreas de su vida sean más efectivas. Encontrará claridad, calma, satisfacción y tranquilidad en el silencio. Las decisiones que tome en este estado tendrán su base en la fuerza.

Vivimos en una sociedad de "hacer". Todo el mundo está haciendo cosas constantemente con la esperanza que tales actividades de algún modo brindan satisfacción interior. El riesgo de este enfoque de la vida es que nos definimos por lo que hacemos, en lugar de lo que somos. Somos medidos por nuestros logros materiales, en lugar de lo que somos interiormente. Esto sólo brinda satisfacción temporal. La riqueza y la fama no son garantía de felicidad, como lo muestran las vidas de Marilyn Monroe y Kurt Cobain. No tiene sentido luchar por los adornos visibles del éxito si nos sentimos vacíos y sin valor interiormente. La felicidad duradera nunca viene de un logro externo.

No estoy diciendo que los logros materiales no son importantes; por supuesto que lo son. Si nadie hiciera algo, nada sería realizado. Incluso preparar una comida o tender la cama es una actividad de "hacer".

Sin embargo, una mayor satisfacción, y finalmente más logro, vienen del enfoque de "ser" en la vida. Tenemos que vivir con nosotros mismos todos los días de nuestra existencia, y todo lo que hacemos es motivado por el deseo de sentirnos bien. Lograr un objetivo brinda sensaciones temporales de euforia, pero esto pronto se acaba. Cuando nos enfocamos en nuestro ser interior, empezamos a cambiar nuestra vida desde adentro, en lugar de depender de estímulos externos para tener sensaciones de satisfacción y realización.

Esto es algo que las grandes religiones del mundo han tratado de enseñar durante miles de años. Esto lo revelan las enseñanzas budistas de desapego, las enseñanzas de Jesús sobre amar al prójimo y las enseñanzas confucianas de equilibrio interior.

A pesar de esto, muchas personas le temen a pensar en su ser interior, prefiriendo llenar sus vidas con actividad constante, en lugar de enfrentar la persona vulnerable que llevan por dentro.

La situación ideal son ambas: ser y hacer, pero teniendo el enfoque principal en "ser". Dedique un tiempo regularmente para relajarse, meditar y despejarse. Disfrute una caminata agradable, cene con amigos, lea un buen libro o pase tiempo en el jardín. Actividades de este tipo restauran su alma y lo ponen en contacto con la mente universal.

En un tiempo yo fui un ejemplo perfecto de una persona enfocada en "hacer". Me sentía culpable cada vez que dedicaba tiempo para relajarme o divertirme. Me tomó años superar esto. Actualmente, salgo a caminar todos los días, almuerzo con amigos de vez en cuando, y paso tiempo con mis nietos. Lo interesante de esto es que logro más cosas y regreso a mi trabajo renovado y revitalizado.

Una vez que dejé de esforzarme tanto, y empecé a alimentar mi vida de esta forma, mis niveles de estrés bajaron y mi productividad aumentó. Es posible hacer menos y lograr más.

Otro beneficio es que al estar relajados y nos permitimos "ser", aparecen nuevas ideas y percepciones. A menudo estamos tan ocupados que no ponemos suficiente atención a los pensamientos que pasan por nuestra mente. Todos necesitamos momentos tranquilos para escucharlos. También creo que al estar relajados y receptivos, la calidad de nuestras ideas mejora.

Dedique un tiempo para pensar en lo que quiere. Para esto, usualmente salgo a caminar o me siento debajo de un árbol favorito. Tal vez usted prefiera tener una noche tranquila en casa. En mi caso, me gusta salir de la casa para no ser interrumpido. Lo importante es que el ambiente sea sosegado y pueda relajarse. Podemos hacer este ejercicio de diferentes formas, pero he descubierto dos métodos que parecen funcionar bien con todos.

Método uno

Deje que sus pensamientos fluyan libremente. Piense en lo que le gustaría tener, alcanzar o realizar en diferentes áreas de su vida. Piense en sus relaciones personales, profesión, finanzas, vida social y metas personales. Podría poner por escrito las ideas que se le ocurran para que las recuerde posteriormente. Algunas personas encuentran que tienen deseos en todas las áreas de la vida, otras tienen necesidades en sólo una o dos. No importa qué tantos deseos tengamos.

Una vez que haya hecho su lista, déjela a un lado por uno o dos días. Me gusta llevar mi lista conmigo, porque es probable que surjan otras ideas en momentos inesperados, y puedo adicionarlas a la lista.

La parte final de esta etapa de preparación es listar las cosas que ha escrito en orden de importancia. Esto parece fácil, pero en la práctica puede ser difícil decidir si ganar más dinero es más importante que iniciar una nueva relación amorosa.

Método dos

Relájese de la forma usual, y luego imagine que está viajando cinco años en el futuro. Cuando sienta que está ahí, piense en el trabajo que estará haciendo en ese momento. ¿Lo encuentra estimulante y absorbente? ¿Ha progresado en su profesión? ¿Qué nuevas destrezas ha desarrollado durante los últimos cinco años? Si de repente se volviera multimillonario, ¿seguiría trabajando en la misma área?

Imagínese saliendo del trabajo y entrando a su auto para ir a casa. ¿Qué clase de auto estará conduciendo? ¿Está orgulloso de ser visto en él?

Conduzca a casa y estacione su auto. Mire su casa. ¿Vive en un buen barrio? ¿Es cómoda? ¿Está orgulloso de invitar gente a su casa?

Entre y camine por la casa en la que estará viviendo dentro de cinco años. Observe los muebles, los adornos, los cuadros, las alfombras y cortinas. ¿Se siente relajado y feliz en este ambiente?

Piense en las otras personas que viven con usted, e imagine cómo será su relación con cada una dentro de cinco años. ¿Están estas relaciones funcionando de la forma que usted quiere?

En su imaginación, conduzca a dondequiera ir para lograr satisfacción personal. Esto podría ser un hobby, deporte, iglesia o cualquier otra actividad que le guste. Véase participando en la actividad. Por ejemplo, si ha ido a un club de golf, véase jugando y observe cuánto ha mejorado su juego en cinco años.

Regrese a su casa o trabajo, si desea examinar estos lugares con mayor profundidad. Visite otros sitios que le interesen, y cuando se sienta listo, abra los ojos.

Pregúntese si está feliz con este recorrido imaginario de su vida futura. Afortunadamente, puede cambiar los aspectos de ella que no le gusten. Para muchas personas, este experimento es como una llamada de atención. Piense en la experiencia y luego ponga por escrito sus deseos para los cinco años siguientes.

Es importante que lo que escriba lo emocione y motive. Todo el mundo quiere más dinero, pero si la idea del arduo trabajo que se requiere para ganar ese dinero adicional no es llamativa, no va a llevar este objetivo hasta su realización.

Cuando haya completado estos ejercicios es probable que tenga varios objetivos. Es posible usar técnicas de visualización creativa para trabajar en varias metas simultáneamente, pero cuando está comenzando, es mejor que escoja una y luego trabaje en ella.

En el capítulo siguiente veremos por qué deberíamos tener sueños imposibles.

CAPÍTULO SEIS

SUEÑE LO IMPOSIBLE

"Pidan, y se les dará".

—Lucas 11:9

Si podemos lograr lo que queremos con la visualización creativa, es razonable que nuestros objetivos sean lo más altos posibles. En lugar de pedir mil dólares para unas vacaciones, ¿por qué no pedir cinco mil o incluso diez mil? La respuesta para esto es complicada.

Tenemos decenas de miles de pensamientos al día. Si la mayoría de estos pensamientos se relacionan con sentimientos de pobreza o inutilidad, es imposible usar las técnicas de visualización creativa para tener unas vacaciones de lujo. Nuestros pensamientos tienen que estar de acuerdo con lo que visualizamos para que esto se haga realidad. De otra manera, estamos luchando contra nosotros mismos. Podríamos desear conscientemente las fabulosas vacaciones en un gran sitio turístico, pero si nuestra mente subconsciente está llena de temores, dudas y preocupaciones respecto al dinero, o carecemos tanto de autoestima que no nos sentimos dignos de las vacaciones, nada pasará.

Por fortuna, es fácil examinarnos para ver si debemos o no visualizar un resultado en particular. Siéntese cómodamente, cierre los ojos y relájese. Piense en lo que le gustaría lograr. Si son unas vacaciones de lujo, piense en viajar a su destino en primera clase, e imagine el hotel y la habitación en que se hospedará. Piense en los sitios que desea visitar, y algunas de las otras cosas que va a hacer mientras está en vacaciones.

Cuando haya hecho esto, haga una pausa y observe su cuerpo. ¿Está su cuerpo reaccionando positiva o negativamente a sus pensamientos? ¿Está su corazón latiendo de emoción, o su estómago se contrae de miedo e incertidumbre? Tome su tiempo para ver si su cuerpo está enviándole mensajes.

El siguiente paso es preguntarse si es digno de las vacaciones de lujo. De nuevo, haga una pausa para ver si su cuerpo responde a ese pensamiento.

Hágase otras preguntas que se relacionen con el viaje. ¿Se sentirá mal por gastar esa cantidad de dinero? ¿Otras áreas de su vida sufrirán a consecuencia de ese viaje? ¿Le molestaría dejar el trabajo por el tiempo necesario?

Haga una pausa después de cada pregunta para ver si su cuerpo reacciona de algún modo. Cuando termine de hacer preguntas, tome una respiración lenta y profunda y luego abra los ojos.

Cuando haya finalizado este ejercicio debería tener una imagen más clara de cómo se siente su mente subconsciente respecto a su deseo. Si el sentimiento predominante es de emoción y esperanza, su mente subconsciente le ayudará a lograr este objetivo. Las sensaciones de nerviosismo son buenas, porque esto muestra que usted se está esforzando a alcanzar dicha meta.

Sin embargo, si su cuerpo reaccionó negativamente de algún modo, tal vez deba trabajar en sus creencias subyacentes antes de visualizar este objetivo particular. Por ejemplo, si su estómago, corazón o garganta se tensionaron por el pensamiento del dinero que gastaría, puede tener temores subconscientes respecto a una falta de dinero. Si recibió respuestas similares respecto a su mérito, tal vez está sufriendo de una carencia de autoestima.

Afortunadamente, hay un remedio para estos problemas. Párese o siéntese en frente de un espejo, mírese a los ojos y hable en voz alta sobre lo que lo está deteniendo. Si su cuerpo le dijo que usted era indigno, por ejemplo, podría decir: "Merezco estas vacaciones. He trabajado duro por ellas, y me harán mucho bien. Soy digno de lo mejor que la vida ofrece. Nadie merece estas vacaciones más que yo".

Hable firmemente y con expresión. Cuando haya terminado de hablar sonría abiertamente, y luego acentúe lo que ha dicho concluyendo con: "¡Sí, sí, sí!" Me gusta hacer gestos con mis brazos, y uso todo el entusiasmo y la energía posibles cuando digo cada "sí".

Espere unas horas y luego examínese otra vez repitiendo el primer experimento para ver lo que su cuerpo dice. Repita ambos ejercicios hasta que su cuerpo dé una respuesta positiva a sus pensamientos. Una vez que llegue a esto, su mente subconsciente estará en armonía con sus deseos y trabajará en su favor para ayudarlo a lograr su objetivo.

Es importante que mire lo más alto posible. Sus objetivos deben ser emocionantes y osados; también deben ponerlo un poco nervioso. Reevalúe sus metas si su cuerpo no reacciona de ningún modo, esto significa que tal vez está tratando de lograr algo por debajo de su capacidad.

Naturalmente, habrá ocasiones en que lo que visualice será fácil de lograr. En estos casos, no necesitará hacer ejercicios previos. Todo lo que debe hacer es visualizar su objetivo hasta que se manifieste en su vida.

Sin embargo, las visualizaciones más emocionantes son aquellas en las que nos esforzamos y alcanzamos algo que de otra manera no habríamos considerado posible. En la práctica, es probable que sus visualizaciones sean una mezcla de metas fáciles, moderadas y exigentes. Puede usar la visualización creativa para lograr lo que desee.

Si no sabe lo que quiere

Desafortunadamente, muchas personas no tienen idea de lo que desean. Saben que quieren una vida mejor que la que tienen en el presente, pero encuentran difícil sugerir metas específicas. No tienen grandes sueños, objetivos o deseos. ¿Cómo pueden hacerse realidad nuestros sueños si no tenemos ninguno? Naturalmente, todos tenemos sueños, y hay un remedio si encontramos difícil sugerir ideas. Muchas personas tienen este problema causado por décadas de condicionamiento negativo. Hay dos formas de superar esta dificultad. Experimente con ambos métodos y vea qué surge.

Solución uno

Para la primera solución necesitará lápiz y papel. Siéntese cómodamente y pregúntese qué incluiría su vida ideal. Piense en lo que es importante para usted, y ponga por escrito lo que lo haga sentir emocionado o realizado. Piense en las posesiones que le gustaría tener, y los intangibles, tales como vacaciones en el extranjero o masajes cada semana. Considere las relaciones personales y la salud, piense en su profesión ideal. Si no está contento con el trabajo que tiene actualmente, escriba los diferentes tipos de ocupaciones que cree que le darían satisfacción.

Piense en los cambios que le gustaría hacer consigo mismo. ¿Desearía tener más control sobre su vida? ¿Tener más energía, mayor confianza en sí mismo, una vida sexual más plena, mejor memoria y mejor salud? ¿Qué tal eliminar malos hábitos tales como fumar y beber o comer en exceso?

Podría mirar a través en su vida y escribir sobre las actividades que encontró más agradables en cada etapa. Tal vez descubra un vínculo entre sus actividades favoritas cuando era niño, adolescente, adulto joven y en la actualidad. También podría descubrir un tema unificador si pone por escrito sus libros, programas de televisión y películas preferidos.

Escriba todo lo que se le ocurra; no suprima ni modifique nada. Después necesitará ver las notas que tomó y leer todo lo que se le ocurrió. Empiece con generalidades, y gradualmente hágalas más específicas. Por ejemplo, podría comenzar con el deseo de más dinero, y luego pensar en el ingreso anual exacto que le gustaría tener. Si desea un auto nuevo, empiece escribiéndolo, pero luego sea específico en cuanto a la marca, modelo e incluso color que le gustaría.

Cuando haya terminado este proceso, lea sus notas en voz alta y vea cuáles lo emocionan más. Escoja la idea que resuene más fuertemente para usted, y comience a usar la visualización creativa para manifestarla en su vida.

Solución dos

Este método usa la visualización creativa, y es el que prefiero. Cierre los ojos y relájese. (Las instrucciones completas sobre cómo realizar una sesión de visualización creativa exitosa están en el capítulo siguiente). Visualícese de aquí a diez años, relajándose cómodamente en una habitación agradable. Esta es una habitación de la casa en la que estará viviendo dentro de diez años. Mire alrededor de ella; observe cada aspecto del lugar. Cuando esté familiarizado con la escena, examine el resto de la casa. Regrese a su silla cómoda y disfrute mirar la habitación otra vez. Observe una mesa de té a su lado. Sobre ella hay una revista con su fotografía en la portada. Usted estira la mano y la levanta. Para su sorpresa y encanto, la revista está llena de artículos sobre usted, algunos muestran su vida familiar, y otros presentan sus logros. También hay artículos acerca de sus pasatiempos, intereses y las vacaciones que ha disfrutado. Ve que algunos de sus amigos también han escrito artículos sobre usted. Empieza leyendo un artículo sobre su día típico, mira todas las fotografías, observando lo que está usando y quién está a su lado. Lee otro artículo o dos, y luego observa un artículo largo acerca de su mayor logro, lee bien esto, viendo que es un relato totalmente preciso.

Una vez que haya leído cada palabra en la revista, la coloca de nuevo en la mesa de té y se relaja, disfrutando los sentimientos de realización y orgullo por lo que ha logrado en los últimos diez años.

Disfrute la visualización todo el tiempo que quiera. Cuando se sienta listo para regresar al presente, tome tres respiraciones lentas y profundas y abra los ojos.

Después de la visualización, ponga por escrito todo lo que recuerde. Tal vez no desee todo lo que surgió durante la visualización, pero debería estar lleno de ideas que quiere poner en práctica.

Repita la visualización las veces que desee. Está en control total y puede cambiar cualquier cosa de la visualización. Por ejemplo, si encontró que ha progresado poco o nada en los diez años siguientes, podría crear un escenario totalmente nuevo. Esto le dará un gran número de ideas para trabajar.

Parece bien, pero

Estoy pidiéndole que se esfuerce en este capítulo. La respuesta natural a esto es pensar "parece bien, pero . . ." y luego sugerir todas las razones por las que no puede tener lo que desea. "Parece bien, pero sólo soy un vendedor; nunca podría hacer eso". "Parece bien, pero soy demasiado viejo". "Parece bien, pero primero tendría que obtener mi grado".

Escuche todos los "parece bien, pero", y póngalos por escrito si tiene una lista larga. Mírelos uno por uno, ¿son en realidad tan imposibles como cree? Si siguen pareciendo imposibles, lea de nuevo el capítulo tres.

No hay verdaderos "parece bien, pero". Todo lo que necesita es tener fe en sí mismo.

Mantenga en secreto sus visualizaciones

Tenga cuidado con quien comparte sus sueños. Incluso los seres queridos pueden no apreciar lo que está tratando de hacer, y tratan de protegerlo de algo que consideran disparatado. Los amigos y colegas podrían burlarse de su deseo por su bien, es probable que tomen a mal el hecho de que haya emprendido un programa de perfeccionamiento personal, mientras ellos están estancados. Incluso podrían temer que usted los deje atrás mientras sigue sus sueños. En la práctica, nunca le digo a nadie lo que estoy visualizando.

Todo empieza con un sueño, ¿pero alguien ha sugerido que tengamos un sueño imposible? ¿Nuestros padres, maestros, amigos? Nadie me lo ha sugerido, y creo que la mayoría de gente diría lo mismo. ¿Cómo podemos hacer realidad nuestros sueños si en principio no tenemos sueños? ¿Quiere ser millonario? Si es así, suéñelo, visualícelo y haga lo necesario para que sea una realidad. Soñar es el primer paso de la visualización. Una vez que lo sueñe, agregue una dosis sana de pasión y luego visualícelo constantemente hasta que sea real.

Ya ha aprendido lo esencial. Ahora es el momento de que lo ponga en acción. Empezaremos esto en el capítulo siguiente.

CAPÍTULO SIETE

VISUALIZACIÓN CREATIVA PARA PRINCIPIANTES

"Al visualizar, o crear una imagen mental, no pretendemos cambiar las leyes de la naturaleza, las estamos llevando a cabo".

—GENEVIEVE BEHREND

Es tiempo de iniciar una visualización creativa. Usted ha decidido lo que quiere, y su cuerpo ha respondido positivamente a la idea.

Las siguientes son sugerencias para hacer las visualizaciones lo más productivas posibles:

- Asegúrese de que realmente quiere lo que está visualizando. Es improbable que el proceso funcione si visualiza algo porque alguien le dijo que lo hiciera. Las visualizaciones deben ser importantes para usted.

- No puede usar la visualización para manipular o controlar a otros. Por ejemplo, no puede visualizar a una persona enamorándose de usted. Eso podría ser lo que desea, pero todo lo contrario de lo que quiere la otra persona.

- Primero relájese. La visualización funciona mejor cuando el cuerpo está relajado. En un estado relajado, las ondas cerebrales cambian y se vuelven más receptivas a las sugestiones puestas en ellas.

- No hay que preocuparse por realmente "ver" en la mente lo que está visualizando. Todos somos diferentes. Sólo debe pensar en su objetivo. Con la práctica, "verá" sus visualizaciones más claramente, pero esto no es una parte esencial del proceso.

- Use todos los sentidos posibles en sus visualizaciones. Si su escena incluye estar parado en una cocina, mirando por una ventana, podría oler el césped recién cortado, sentir el calor del sol, probar y oler pan recién horneado, oír los pájaros, y también ver la escena hermosa que ha creado. La adición de sentidos aumenta el poder de la visualización.

- Mantenga sus visualizaciones sencillas. Experiméntelas con la mayor plenitud posible, pero procure tener una visualización que pueda realizar en treinta segundos. De esa forma podrá desarrollar una sesión de visualización rápida a cualquier hora del día. Por ejemplo, si está esperando a alguien en el teléfono, o haciendo fila en algún lugar, fácilmente puede realizar una visualización rápida.

- Asegúrese de que todas sus visualizaciones sean positivas. Si está usando la visualización creativa para dejar de fumar, por ejemplo, véase caminando orgulloso como un no fumador, en lugar de imaginarse tosiendo o absorbiendo nicotina. Es muy probable que las imágenes negativas lleguen a su mente de tiempo en tiempo cuando esté visualizando. No hay por qué preocuparse por ellas; obsérvelas, y déjelas desaparecer de su mente.

- Disfrute sus visualizaciones. A veces las sesiones saldrán bien, mientras en otras ocasiones podría sentir que no está logrando nada. Suspenda uno o dos días sus visualizaciones cada vez que sienta que no está progresando, cuando regrese a ellas, lo hará con nuevo vigor. Sus visualizaciones deben ser algo que espera con ilusión, y no una tarea.

- Sus visualizaciones creativas son prácticas mentales, por consiguiente, podría iniciar las visualizaciones pensando en sus mayores éxitos en el pasado. Piense en las ocasiones en las que estuvo más seguro de sí mismo y se sintió bien con lo que estaba haciendo. Disfrute reviviendo estas experiencias positivas durante unos minutos, antes de iniciar su nueva visualización.

- Mientras pueda, mantenga sus visualizaciones como algo privado. No necesita los comentarios negativos o el rechazo que otras personas, incluso seres queridos, podrían poner en su camino.

Su primera visualización

Reserve treinta minutos y asegúrese de que no será interrumpido. Una vez que haya ganado experiencia en esto, podrá hacer sus visualizaciones en cuestión de minutos. Sin embargo, lo importante no es la duración, es la energía y fe que ponga en sus visualizaciones.

Parte uno

Siéntese o acuéstese cómodamente y relaje su cuerpo usando las técnicas que aprendió en el Capítulo Uno. Debe estar relajado y atento; este es el mejor estado para una visualización creativa exitosa, porque aquieta la actividad lógica del cerebro izquierdo y permite al cerebro derecho creativo un alcance total para crear imágenes exitosas. Además, un estado relajado permite que la visualización tenga un mayor efecto en el sistema nervioso, pues no compite con otros pensamientos, preocupaciones o actividades externas.

Parte dos

Cuando se sienta completamente relajado, empiece a imaginar lo que está deseando. Si es un objeto, tal como un auto nuevo, podría visualizarse conduciéndolo, o verlo estacionado fuera de su casa. Si es algo menos tangible, tal como un evento, imagínese disfrutando la ocasión, y véase actuando y comportándose exactamente como quiere. Es importante que experimente lo que desea, en lugar de simplemente pensar en ello. Incluya todos los detalles y toda la emoción posibles.

Podría ser afortunado y "ver" su nuevo auto o el evento claramente en su mente. Tal vez lo experimente de manera totalmente distinta, pues todos imaginamos las cosas de forma única. Use los sentidos que pueda. Si desea un auto nuevo, sienta la textura del asiento, perciba el olor a auto nuevo, véase conduciendo en él en la carretera, y oiga el sonido de la bocina mientras la toca alegremente.

Similarmente, si está visualizando una reunión familiar en una playa, podría ver y oír a sus parientes, pero también sentir la textura de la arena bajo sus pies, sentir el calor del sol sobre su piel, oler la sal en el aire, probar la comida, oír el sonido de las gaviotas y las olas en la orilla, y tal vez ver la playa entera en su imaginación.

Todos somos diferentes. Algunas personas verán claramente la playa, mientras otras no podrán pero oirán todos los sonidos. Otras sentirán la arena bajo sus pies, pero tal vez no oirán nada.

Todo lo que necesita es su imaginación. Imagínese en una escena donde está participando activamente en lo que sea. Si está pidiendo una nueva casa, imagínese cómo será. Entre por la puerta principal; pase de habitación a habitación, asómese por las ventanas, acuéstese en las camas y disfrute sentado en un sillón en la sala. Sienta el orgullo de tener una casa hermosa. Experiméntelo lo más claramente posible.

Haga divertida la experiencia. Podría pararse en las manos en la sala, tomar una ducha con un(a) amigo(a) especial, o recibir familiares y amigos en su nueva casa. También podría "escuchar" música de fondo o una conversación agradable. No importa lo que suceda, siempre que lo imagine claramente y sienta disfrutar aquello para lo cual está usando la visualización creativa.

En muchos aspectos esto es soñar despierto. La principal diferencia es que guiamos y dirigimos el sueño. Usualmente, los sueños de vigilia son imágenes fortuitas que llegan a nuestra mente a consecuencia de algo que vimos, oímos o pensamos. Generalmente, tenemos poco control sobre ellas, y vienen y van todo el día.

Sin embargo, en una visualización creativa nos enfocamos deliberadamente en algo que deseamos y ponemos energía en el proceso escogiendo lo que pensamos. Podemos adicionar colores, sonidos, emociones, otras personas y actividades agradables a la imagen para enriquecerla más.

Parte tres

Antes de dejar atrás su agradable visión, debe afirmar a sí mismo que está haciendo lo que desea. Si está visualizando un nuevo auto, por ejemplo, podría decirse: "Estoy conduciendo hacia Santa Monica Boulevard en mi nuevo auto (de color, marca y modelo que quiera)". Si está visualizando unas vacaciones de ensueño, podría decir: "Estamos paseando por el río Rin en un hermoso día de verano, estamos disfrutando al ver los castillos y las viñas. Estas son las vacaciones más maravillosas que hemos tenido".

Mientras dice estas palabras a sí mismo, debe creer que está en ese momento, conduciendo un auto nuevo, paseando en barco por el río, o siendo o haciendo lo que más desea. Siéntalo, experiméntelo con todos los sentidos posibles. Siéntase emocionado, feliz y extático; está celebrando un logro importante. Puede no haber sucedido todavía en la realidad, pero sabe que sucederá. Crea que ocurrirá. Jesús dijo a sus discípulos: "Todo lo que pidan orando, crean que lo recibirán, y lo tendrán" (Marcos 11:24). En otras palabras, si creemos, recibiremos. Por consiguiente, disfrute toda la experiencia en su mente y no tenga duda de que tendrá éxito. Pida lo que desea, y siéntase emocionado y regocijado con su logro.

Parte cuatro

Hay un paso final antes de que la visualización concluya. Antes de abrir los ojos, debe decir a sí mismo algo como lo siguiente: "Creo que esto, o algo aun mejor, viene a mi vida, beneficiará a todos los involucrados y traerá gran alegría y felicidad. Doy gracias al universo (Dios, fuerza superior, Padre, etc.) por traer estos beneficios a mi vida".

Cuando se sienta listo, sonría y abra los ojos.

Como puede ver, la visualización creativa no es complicada o difícil. Si es necesario, el proceso entero puede ser terminado en cuestión de segundos. En mi caso, prefiero pasar todo el tiempo posible pensando en mi objetivo, pero si usted vive demasiado ocupado, tal vez no tiene suficiente tiempo para hacer eso.

Normalmente reservo media hora y utilizo la mayor parte de ese tiempo, pero a veces encuentro difícil concentrarme en mi objetivo por cualquier lapso de tiempo. Esto no importa. El proceso de hacer este ejercicio suele ser más importante que la duración de cada sesión. La repetición es el ingrediente mágico para el éxito. Debe seguir repitiendo este ejercicio al menos una vez al día, hasta que logre su objetivo. Es una pérdida de tiempo visualizar de vez en cuando, y debe convertirse en una parte regular de su vida. Cinco minutos de visualización creativa cada día producirán resultados, pero probablemente no treinta minutos de vez en cuando. Las visualizaciones ocasionales son como sueños de vigilia: agradables, pero no particularmente productivos.

También debe pensar en su objetivo en momentos poco usuales durante el día. Puede crear afirmaciones para ayudar a hacer esto. (Veremos las afirmaciones en el capítulo siguiente).

Habrá observado que al final de la visualización agradece al universo por cumplir su deseo. Dar gracias de antemano es sumamente poderoso y elimina dudas y temores. También debe agradecer al universo cuando su visualización sea una realidad.

Lugar secreto

Algunas personas incluyen una etapa adicional, y desarrollan sus visualizaciones en un lugar secreto y especial, en casa o afuera. Ellos disfrutan la familiaridad y seguridad que brinda este espacio imaginario, y permiten que sus visualizaciones tomen lugar aquí. Usualmente visualizo un espacio secreto, siempre es agradablemente cálido y tiene una alfombra lujosa, muebles cómodos y algunas de mis posesiones preferidas en exhibición. Me siento bien ahí, y me relajo de inmediato cada vez que lo visualizo. Esto es útil incluso cuando no estoy planeando una sesión de visualización. Si me encuentro en una situación estresante, imagino mi espacio secreto y en seguida quedo tranquilo y relajado.

Para experimentar con lo anterior, al final de la etapa de relajación imagine una hermosa escalera. Vea y sienta la alfombra lujosa, y ponga una mano sobre el magnífico pasamano. En su mente, imagínese bajando diez escalones, mientras cuenta de diez a uno, y encontrándose dentro de su espacio especial y secreto.

Este espacio puede ser lo que deseemos, incluye nuestros colores favoritos, y siempre está a una temperatura agradable. Ya sabe cómo es mi espacio secreto. Un amigo mío imagina que está dentro de una cabaña hecha de madera, porque él siempre ha pensado en lo maravilloso que sería vivir en una. Hace muchos años, recuerdo haberme sorprendido cuando un estudiante me dijo que se imaginaba dentro de un submarino. Por consiguiente, no importa qué clase de espacio es, siempre que nos sintamos cómodos y relajados en ese lugar.

Necesitará una silla o sofá cómodo en el espacio. Siéntese o acuéstese cómodamente, mire alrededor de su espacio, luego cierre los ojos y empiece la visualización.

La práctica hace al maestro

Roberto Assagioli, un psiquiatra italiano, creó su propio sistema de psicología llamado Psicosíntesis. Él utilizó la visualización creativa para entender problemas emocionales y alcanzar metas personales. Ideó un interesante experimento para demostrar que las personas que usaban la visualización creativa regularmente mejoraban la técnica, y por consiguiente tenían aun más éxito.

Su experimento era imaginar un aula con una pizarra en el frente. En el centro de esta pizarra hay un número escrito con tiza blanca, el cual es grande, claro y fácil de leer. Supongamos que este número es el siete. Visualice la pizarra y el número lo más claramente posible, y luego visualice el número tres escrito a la derecha del siete. Visualice el siete y el tres (setenta y tres) por unos momentos, y luego imagine otro número apareciendo al lado derecho del tres. Siga haciendo esto hasta que no pueda visualizar el número creado por la serie de dígitos.[1]

Cuando haga este ejercicio descubrirá que no es tan fácil como parece. Sin embargo, con la práctica, sus resultados mejorarán, y podrá visualizar series de números más largas. Este experimento muestra el control que tenemos sobre nuestra imaginación y voluntad. El doctor Assagioli también señaló que cuando la persona descubría que estaba progresando, había una clara motivación para continuar.

A propósito, cuando el doctor Assagioli experimentó con este ejercicio, descubrió que las personas extrovertidas lo hacían mejor con los ojos cerrados, mientras las introvertidas frecuentemente lo hacían mejor con los ojos abiertos.

Posibles dificultades

Hay varios problemas que a veces inquietan a quienes están empezando a experimentar con la visualización creativa.

El primer problema es cuando la mente se extravía. Este es un problema común, e incluso lo experimentan personas que han practicado estas técnicas durante muchos años. En realidad, la distracción de la mente es sólo un factor de la vida. A todos nos pasa; alguien nos está diciendo algo y de repente nos damos cuenta que ignoramos la mitad de lo que nos dijo porque la mente se había distraído. Podemos asistir a una conferencia y estar fascinados con lo que el orador dice. Aún así, es muy probable que no escuchemos todas las palabras, porque nuestra mente empieza a pensar en otras cosas.

Por consiguiente, cuando experimente esto durante una visualización creativa, tenga en cuenta que es normal y natural, y que no debe molestarse consigo mismo. Simplemente empiece a visualizar su objetivo de nuevo, y continúe con el ejercicio.

Un problema más serio ocurre cuando la mente comienza a enviarnos pensamientos negativos acerca de nuestro objetivo. Por ejemplo, podríamos estar visualizando una nueva casa, y de repente la mente quedar llena de dudas respecto a lograr este objetivo. Esto puede darse porque visualizamos algo que parece imposible. Si actualmente vivimos en una casa rodante y visualizamos una mansión de millones de dólares, no es sorprendente que la mente dude de nuestra capacidad para alcanzar esta meta. En algunos casos, es necesario trabajar de nuevo en los ejercicios del Capítulo Seis.

Por lo general esto no se requerirá. Dedique tiempo para pensar en sus dudas y temores, y cuando lo haya hecho, empiece a visualizar su meta otra vez. En importante que enfrente sus inquietudes, si las ignora, es probable que regresen en momentos difíciles cuando se esté sintiendo vulnerable, y podrían causar un daño considerable.

El aburrimiento también puede ser un problema. La visualización creativa debe ser divertida y estimulante. Si un objetivo en particular toma mucho tiempo para que se dé, es posible que se aburra con la visualización. Si esto ocurre, hay dos soluciones: una es conservar el objetivo pero cambiar la visualización particular, de modo que el objetivo sea visto desde una perspectiva diferente. El siguiente es un ejemplo. Joe estaba buscando una pareja para compartir su vida, y en sus visualizaciones siempre se veía bailando con la mujer de sus sueños. Luego de un tiempo empezó a aburrirse de esta imagen. En lugar de suspender la visualización, comenzó a verse junto a su pareja en diferentes escenarios. Se imaginaba a los dos disfrutando una merienda, visitando un parque, yendo al cine, comiendo en un buen restaurante y participando en otras actividades. La variedad de imágenes le permitió tener nuevo entusiasmo para el proceso, y gradualmente creó una lista larga de todas las cosas que él y su compañera harían cuando finalmente se conocieran.

Otra causa del aburrimiento es cuando nos enfocamos por mucho tiempo en una visión en particular. Es mejor pasar cinco minutos agradables en el proceso, que forzar a concentrarnos en él durante treinta minutos. Debería realizar el ejercicio por el tiempo que sea agradable para usted. A veces eso podría ser cinco minutos, mientras en otras ocasiones disfrutará visualizar una imagen particular durante cuarenta minutos. Asegúrese de que sus visualizaciones sean divertidas.

Recuerde que su mente será propensa a resistirse al cambio, y por consiguiente los resultados podrían tomar más tiempo que el que desearía. A veces ocurren milagros, pero usualmente una visualización creativa requiere tiempo para dar resultado. La visualización es similar a sembrar una semilla en la tierra. No la sembramos y luego nos olvidamos de ella, la regamos y cuidamos hasta que sea una planta completamente desarrollada. Con una visualización creativa sembramos la idea en la mente subconsciente, y luego la alimentamos con pensamientos positivos y visualizaciones hasta que sea una realidad.

CAPÍTULO OCHO

AFIRMACIONES

"Un hombre es lo que él piensa todo el día".
—Ralph Waldo Emerson

Cuando tenía diez años de edad alcancé la cumbre de mi carrera atlética. Gané la carrera de 440 yardas en el campeonato de atletismo de mi escuela. La razón por la que gané esa carrera fue que un niño iba delante de mí y estaba resuelto a derrotarlo. Por consiguiente, me dije una y otra vez mientras corría, "voy a ganar, voy a ganar". Sin saberlo, estaba usando una afirmación positiva.

Las afirmaciones son frases positivas repetidas deliberadamente para imprimir el mensaje en la mente subconsciente. Todos tenemos miles de pensamientos al día y usualmente no sabemos cuántos son positivos y cuántos negativos. Introduciendo intencionalmente mensajes positivos en forma de afirmaciones, aumentamos el porcentaje de pensamientos positivos que son recibidos por la mente subconsciente.

También tenemos un gran número de creencias arraigadas acerca de todos los aspectos de nuestra vida. Algunas de ellas son útiles en la vida cotidiana, mientras otras causan problemas continuos. Por ejemplo, una actitud de "pobre yo" asegura que sigamos "pobres", porque esa es una creencia arraigada. Podemos cambiar creencias indeseadas usando afirmaciones.

Las afirmaciones funcionan porque crean energía, lo cual cambia nuestro cuerpo y mente a nivel celular. Usted podría pensar que los pensamientos son cosas tan fugaces que no pueden influir en el cuerpo y mente de este modo. Sin embargo, la ciencia médica ha demostrado que el pensamiento negativo durante un largo período de tiempo puede crear enfermedades psicosomáticas.[1]

Si los pensamientos negativos crean enfermedades, los positivos pueden generar una salud vibrante, y prácticamente todo lo demás que deseemos mucho. Asombroso como parezca, cambiar los pensamientos puede cambiar nuestra vida.

Nuestros pensamientos también tienen el poder de cambiar a otros. Cuando pasamos tiempo con alguien que está enojado o triste, es probable que también empecemos a sentirnos negativos, porque estamos absorbiendo y aceptando su energía negativa. A la inversa, cuando estamos con alguien feliz y lleno de las alegrías de la vida, es probable que también expresemos esos sentimientos.

Un boticario y psicoterapeuta francés llamado Emile Coué (1857–1926) sugirió una extraordinaria afirmación a comienzos del siglo XX. Su afirmación ayudó a miles de personas y lo convirtió en una celebridad. Tal vez usted ya conoce su afirmación: "Todos los días, y en todas las formas, estoy siendo cada vez mejor".

Las afirmaciones siempre son formuladas de manera positiva. Es mejor afirmar lo que deseamos, que lo que queremos evitar. En lugar de afirmar, "voy a dejar de mentir", sería mejor decir, "siempre digo la verdad". Igualmente, "estoy saliendo de esta ciudad", no es tan positivo como afirmar, "estoy viviendo en Nueva York (o donde queramos estar)".

Las afirmaciones siempre son dichas en tiempo presente, como si ya tuviéramos lo que estamos buscando. Por consiguiente, podríamos decir, "tengo un buen trabajo bien remunerado que me gusta", en lugar de, "estoy buscando un trabajo bien remunerado y que me guste". Esto se debe a que la mente subconsciente no conoce la diferencia entre algo que ya es realidad y algo que queremos manifestar en nuestra vida. Expresando un deseo como si ya hubiera ocurrido, de inmediato la mente subconsciente empezará a trabajar para que suceda en nuestra vida.

Las afirmaciones pueden ser dichas en voz alta, cantadas, susurradas, dichas silenciosamente o puestas por escrito. Deben ser dichas firmemente, con sentimiento, como si ya fueran realidad en nuestra vida. Podría parecer ridículo decir, por ejemplo, "soy próspero", cuando estamos luchando por pagar el arriendo. Sin embargo, repetir estas palabras regularmente al final cambiará el sistema de creencias, y al hacerlo, la abundancia será parte de nuestra vida.

En lo posible, me gusta decir mis afirmaciones en voz alta, porque puedo variar el énfasis en diferentes palabras y poner toda la expresión posible en mi voz. Con frecuencia las canto cuando voy solo en el auto. Cuando hago fila en el banco, repito mis afirmaciones en silencio. A propósito, decir las afirmaciones es una forma productiva de usar cualquier tiempo de espera. Ya no me molesto por las demoras y esperas porque me dan la oportunidad de decir mis afirmaciones. Incluso ha habido ocasiones en que la persona detrás de mí en la fila me dice que avance, pues me sumerjo tanto en mis afirmaciones, que no observo el espacio disponible.

En la década de 1920, Florence Scovel Shinn mencionó una mujer que bailaba mientras decía sus afirmaciones. "El ritmo y la armonía de la música y el movimiento llevan sus palabras con gran poder", escribió ella.[2]

Cuando diga sus afirmaciones, trate de visualizar una escena que represente la realización exitosa de su deseo. Si está usando afirmaciones para comprar un auto nuevo, visualícese conduciéndolo. Si desea una salud perfecta, véase haciendo algo físico mientras dice su afirmación. Si quiere una pareja, véase caminando tomados de la mano por una hermosa pradera en un glorioso día de verano. Si desea algo más abstracto, tal como más confianza personal, imagínese actuando seguro de sí mismo en una situación que en el pasado le habría causado dificultad. Cuando lo haga, combine una visualización positiva con su afirmación.

Es buena idea dedicar unos minutos cada día para decir las afirmaciones, y aun mejor hacerlo a la misma hora. Esto nos da la oportunidad de decir las afirmaciones en diferentes formas, y experimentar con nuevas que se nos han ocurrido durante el día.

Me gusta decir afirmaciones en voz alta cuando estoy conduciendo mi auto. Esto es mucho más productivo que escuchar comerciales en la radio. También me gusta decir afirmaciones cuando estoy en frente de un espejo. Al principio era difícil hacerlo, pero ahora estoy acostumbrado, y decir mis afirmaciones a mí mismo es estimulante, positivo y poderoso. Véase en el espejo y diga algo positivo y halagador a su reflejo. Podría decir, "soy una persona amable e inteligente", o simplemente, "me quiero a mí mismo". Algunos de mis estudiantes me han dicho que al principio tuvieron que susurrar afirmaciones como ésta porque eran muy difíciles de decir. Una vez que se acostumbre, descubrirá que decir sus afirmaciones en frente de un espejo es una experiencia muy estimulante y liberadora.

Otro método que he encontrado útil es poner por escrito las afirmaciones. El acto de escribirlas nos fuerza a concentrarnos en las palabras mientras escribimos. Scott Adams, el creador de la exitosa tira cómica *Dilbert*, trabajaba como vice-director en Pacific Bell, pero soñaba con ser un caricaturista. Él ideó una poderosa afirmación que escribía quince veces al día: "Seré un caricaturista publicado". Observó que casi de inmediato hubo cambios, y después de muchos rechazos, United Media lo contrató. Scott Adams todavía usa afirmaciones. Su afirmación actual es: "Ganaré el premio Pulitzer".[3]

Generalmente hablando, las afirmaciones deben ser cortas y fáciles de memorizar. Algunas son generales y otras son específicas. En el SWAP —Salespeople With A Purpose Club— (Club de Vendedores con un Propósito) al que pertenezco, todos decimos una afirmación al comienzo y al final de cada reunión: "¡Estoy vivo, estoy bien, y me siento espléndido!" Esta es una afirmación general que puede ser usada en cualquier momento.

Si quisiera una afirmación para atraer amor, amistad, trabajo, dinero o salud, crearía algo específicamente para la situación. Para atraer dinero, podría decir, "tengo más dinero del que necesito" o "una corriente de riqueza fluye a mi vida todo el tiempo". "Tengo muchos amigos" ayudaría con la amistad. Una afirmación de amor sería más difícil, porque estaría tentado a incluir en ella algunas de las cualidades que busco en la otra persona. Sin embargo, "disfruto una relación cercana y amorosa con mi pareja" sería un buen comienzo. "Encuentro que mi trabajo es satisfactorio, estimulante y divertido" podría ser todo lo que necesito para una afirmación de trabajo. Sin embargo, si estuviera buscando un trabajo en un área específica, incluiría todos los detalles posibles acerca del trabajo que deseo. "Disfruto una salud excelente" es una buena afirmación para la salud en general. De nuevo, la haría lo más específica posible si una parte en particular de mi cuerpo estuviera afectada. Por ejemplo, si tuviera problemas hepáticos, podría afirmar: "Mi hígado está funcionando perfectamente y me está cuidando todo el tiempo".

Podemos crear afirmaciones de inmediato para situaciones particulares. Una actriz amiga mía nunca sufre de miedo al público. Sin embargo, inesperadamente se sobrecogió del pánico una noche cuando se enteró que en el auditorio se encontraba una actriz que había hecho una audición para el papel que ella estaba representando.

"No supe qué hacer", me dijo. "Esto nunca había ocurrido. Pero luego empecé a decir a mí misma, 'estoy tranquila y calmada, estoy tranquila y calmada', y de inmediato me sentí bien. ¡Hice la actuación de mi vida!"

Como puede ver, no es difícil crear afirmaciones simples pero efectivas que se aplican específicamente a usted y su situación. Sería fácil darle una lista de afirmaciones para todo propósito, pero es mejor que piense y genere las suyas.

Además de usar sus propias afirmaciones, podría emplear pasajes de la Escritura o líneas de poemas favoritos para dicho propósito. "Puedo hacer todas las cosas a través de Cristo que me fortalece" (Filipenses 4:13) es una afirmación muy popular.

Norman Vincent Peale recordó viajar en un auto con un vendedor que tenía una colección de notas que contenían citas bíblicas. Él las ponía una a la vez debajo de un clip sobre el panel de instrumentos para meditar y pensar en ellas mientras iba de una cita a otra. De ser un pensador negativo que hacía pocas ventas, se convirtió en un vendedor exitoso y al mismo tiempo desarrolló una fe firme.[4] Cómo podría fracasar este hombre cuando estaba expuesto constantemente a afirmaciones tales como, "si tienen fe . . . nada les será imposible" (Mateo 17:20) y "si Dios está con nosotros, ¿quién puede estar contra nosotros?" (Romanos 8:31).

Cuando empiece a utilizar afirmaciones observará que su mente acepta en seguida algunas de ellas, pero rechaza otras. Podría decir una afirmación positiva y de inmediato recibir pensamientos que se oponen a ella. Sin embargo, es bueno que esto suceda, pues indica que una de sus viejas creencias ha sido revelada donde puede evaluarla y determinar si aún la necesita en su vida. Por ejemplo, digamos que su mente reaccionó negativamente cuando afirmó: "Merezco lo mejor que la vida ofrece". Tan pronto como dijo esto, su mente respondió con: "No soy una buena persona; no merezco cosas buenas en mi vida". Naturalmente, esta es una señal de baja autoestima, y es bueno saberlo. Puede usar afirmaciones para mejorar gradualmente su autoestima. Siga diciendo la afirmación que causó los pensamientos negativos y observe cómo dejan de aparecer poco a poco. Esto significa que su afirmación positiva ha reemplazado los pensamientos negativos como una creencia en su mente.

Afirmaciones diarias

Cada vez que he hablado de las afirmaciones en libros anteriores, los lectores me han escrito para pedirme afirmaciones que podrían usar. Generalmente, es mejor crear nuestras propias afirmaciones que se relacionen con lo que ocurre en nuestra vida y los objetivos específicos que buscamos. Sin embargo, hay muchas afirmaciones generales que pueden ser usadas por cualquiera. Estas afirmaciones están destinadas a aumentar nuestro valor personal y deben ser dichas a diario. Los siguientes son algunos ejemplos de afirmaciones que puede usar como aparecen, o cambiarlas para que se ajusten a sus necesidades. Podría adoptarlas todas o escoger unas que le parezcan más útiles en el momento indicado.

- Creo riqueza y abundancia.
- Soy una persona amable.
- Me quiero a mí mismo, y los demás me quieren.
- Merezco una relación cercana, segura y amorosa.
- Soy exitoso.
- Soy feliz.
- Soy digno de lo mejor de todo.
- Creo alegría dondequiera que estoy.
- Merezco lo mejor.
- Doy y recibo amor.
- Atraigo todo lo que deseo.
- Cada día creo más en mí mismo.
- Alcanzo mis metas.

Consejos útiles:

- Las afirmaciones siempre deben estar en tiempo presente, como si ya tuviera lo que desea. Por ejemplo, podría afirmar "mi vida es rica y abundante", en lugar de "tendré una vida rica y abundante".

- Las afirmaciones deben ser cortas y fáciles de recordar. No incluya más de un tema en una afirmación.

- Las afirmaciones siempre deben ser expresadas de manera positiva; "soy valiente" es mejor que "no tengo miedo".

- Repita sus afirmaciones todas las veces que pueda al día. Repítalas a sí mismo cada vez que tenga un momento libre, tal como esperando en una fila.

- Exprese sus afirmaciones en palabras apropiadas para usted. Puede repetir las afirmaciones que lee en libros o escucha a otras personas, pero si es necesario, cambie palabras para que suenen como si usted las hubiera creado.

- Las afirmaciones serán más efectivas si está relajado cuando las dice. Cuando sea posible, dedique unos momentos para relajarse. Acostarse en la cama en la noche es un buen tiempo para decir las afirmaciones, pues estará relajado.

- Cada vez que tenga un pensamiento negativo, formule una afirmación que diga lo contrario, y repítala al menos dos veces.

- Diga las afirmaciones a sí mismo justo antes de cualquier situación que lo inquiete. Si está a punto de asistir a una reunión difícil, por ejemplo, diga sus afirmaciones antes de empezar.

- Diga sus afirmaciones de diferentes formas. Dígalas en voz muy baja, grítelas, cántelas, acentúe diferentes palabras. Dígalas con todo el sentimiento posible.

- Diga sus afirmaciones en diferentes horas del día. Conduciendo en su auto, cuando camina, esperando en una fila, haciendo ejercicio en el gimnasio, o acostado en la cama en la noche, son buenos momentos para decir las afirmaciones.

Visualización creativa y afirmaciones

Puede ser muy efectivo escoger una afirmación antes de iniciar una sesión de visualización. Una vez que esté relajado, diga la afirmación a sí mismo y vea qué símbolo o imagen le llega. Tome nota especial de la primera impresión que reciba, porque es probable que esa sea la imagen correcta para usted. Dedique un poco de tiempo examinando esta imagen, mirándola desde diferentes ángulos, oliéndola, probándola y experimentándola en todas las formas posibles. Esto sirve para un doble propósito: la próxima vez que diga la afirmación, la imagen también llegará a su mente, y cuando piense en ella, la visualización volverá a usted. Este ejercicio agrega fuerza y poder a la afirmación.

Afirmaciones silenciosas

En China, las afirmaciones silenciosas han sido usadas durante miles de años para estimular y motivar la gente. Por ejemplo, el pez es un símbolo de progreso. Esto se debe a que los antiguos chinos observaban a los peces nadando río arriba y saltando cascadas para llegar a los sitios de reproducción. Por consiguiente, los acuarios, pinturas y adornos de peces son afirmaciones silenciosas efectivas. Cuando un chino ve un pez, de inmediato piensa en progreso.

También usan colgaduras con bella caligrafía que contiene palabras tales como "las ganancias aumentan cada día". Naturalmente, cada vez que personas de negocios leen esto, recuerdan su propósito al estar en el trabajo.

Las afirmaciones silenciosas son una forma efectiva de colocar pensamientos en nuestra mente en momentos difíciles. No necesita escribir sus afirmaciones y ponerlas sobre una pared. Todo lo que requiere es algo que le recuerde lo que está buscando. Por ejemplo, si quiere viajar, exponga una fotografía que muestre una imagen de su destino; si desea un auto nuevo, podría poner en su escritorio una pequeña foto de la marca y el modelo que prefiere.

Un conocido mío, que es músico de rock, pegaba fotografías de él mismo tocando su guitarra en las portadas de las revistas musicales. También tenía una galería fotográfica sobre la pared de su alcoba, que mostraba fotos de los músicos que admiraba además de una fotografía de él. Cada vez que las miraba, se veía acompañado de los mejores músicos de rock del mundo. Cada vez que leía una revista de música, también veía una foto de él. Estas afirmaciones silenciosas le dieron buenos resultados, y desde entonces ha trabajado con varias de las personas que estaban en su galería fotográfica.

Naturalmente, es probable que usted no pueda exponer imágenes de todo lo que quiere, tal vez no encuentra fotos o ilustraciones apropiadas, o no quiere que otras personas sepan lo que está haciendo. Si este es el caso, consiga un álbum o una libreta, y pegue en él lo que se relacione con sus deseos. Por ejemplo, si quiere una nueva casa, podría buscar un dibujo o una foto del tipo de casa que desea, péguelo en su álbum, y luego escriba información adicional que se relacione con eso. Podría escribir, "cuatro alcobas, dos baños" junto a la fotografía o dibujo. También podría escribir el precio que puede pagar por la vivienda, además de incluir la localidad preferida.

Si desea un televisor de cierta marca y modelo, debe encontrar una fotografía de lo que quiere exactamente. En ocasiones, tal vez no pueda hacerlo, y en tales casos, haga una ilustración de lo que quiere, o simplemente liste las cualidades esenciales que usted requiere.

Es probable que no necesite una ilustración o fotografía para determinados deseos. Por ejemplo, si está buscando una pareja, probablemente escogerá una lista de cualidades que desea en esa persona.

Como nadie más verá su álbum de recortes, puede colocar en él cualquier cosa; podría tener docenas de deseos. Eso está bien. Reúna el material que necesita y péguelo en su álbum. Me gusta buscar fotografías y dibujos que se relacionan con mis deseos. El solo acto de buscarlos me fuerza a concentrarme en el deseo, y esta es una forma de visualización creativa. Incluso ponerlos en el álbum de recortes es una forma de ritual, ya que estoy cimentando mi deseo al hacerlo.

Haga su álbum lo más atrayente posible. Podría adicionar orlas o ilustraciones pequeñas en cada página. Yo escribo afirmaciones positivas en el pie de cada página; éstas son afirmaciones generales que no necesariamente se relacionan con el deseo que he ilustrado en la página.

Puede empezar a usar su álbum de recortes tan pronto como tenga su primer deseo en él. Al menos una vez al día mire las diversas ilustraciones y lea las palabras en el libro. Deje fluir su emoción mientras lo hace, éstas son todas las cosas que desea y que al final poseerá.

También puede usar su álbum de recortes en momentos difíciles durante el día. Debido a que la mayoría de sus deseos están ilustrados con dibujos y fotografías, descubrirá que puede verlos fácilmente en su mente. Por lo tanto, podrá mirar mentalmente el libro, página por página, cada vez que tenga un momento libre en el día.

Uno de mis amigos ideó una interesante afirmación silenciosa que dice que funciona bien para él. Pone un pequeño abalorio en su dinero de bolsillo, y cada vez que necesita unas monedas, ve el abalorio y éste le recuerda de inmediato el objetivo particular que está visualizando. Como beneficio adicional, dice que el abalorio funciona como una moneda de la suerte y él se siente bien cada vez que lo tiene.

Una de mis estudiantes usaba una rosa como afirmación silenciosa para atraer amor a su vida. Cada vez que veía rosas en algún lugar, en seguida pensaba en su deseo de atraer al hombre apropiado. Además de aprovechar cada visión de rosales o una rosa, ella usaba la imagen mental de una rosa cuando decía sus afirmaciones. La combinación de visualización creativa, afirmaciones habladas y la afirmación silenciosa de una rosa funcionaron, pues encontró a la persona correcta en menos de seis meses. Curiosamente, esta persona también estaba usando técnicas de visualización creativa para atraer a la mujer indicada.

Podemos usar cualquier cosa como afirmación silenciosa. Un amigo dice que automáticamente dice sus afirmaciones a sí mismo cada vez que hace ejercicio. El gimnasio al que va se ha convertido en la imagen que de inmediato le recuerda sus afirmaciones. También le gusta el hecho de que está ganando el doble del beneficio haciendo ejercicio mientras repite sus afirmaciones. La única desventaja es que debe repetirlas silenciosamente, en lugar de decirlas en voz alta.

Escribir las afirmaciones

Puede ser un ejercicio útil escribir una afirmación en una hoja de papel, y luego escribir todos los pensamientos que se le ocurran. Tal vez descubra que sus respuestas no son lo que esperaba. A veces, podría escribir un comentario negativo acerca de una afirmación que usted pensó que su mente había recibido y aceptado. En otras ocasiones, una afirmación que pensó que podría ser rechazada por su mente, recibirá comentarios positivos cuando la escriba.

Naturalmente, debería pensar en cualquier negatividad que surja, y posiblemente crear nuevas afirmaciones para neutralizarla. Si repite este ejercicio cada semana, observará que sus respuestas cambian gradualmente para reflejar lo que sucede en su mente.

Otro beneficio de poner por escrito las afirmaciones es que somos forzados a enfocarnos en ellas cuando se escriben. También vemos la afirmación en palabras, y al final pensamos en lo que hemos escrito. Esta es una forma poderosa de reforzar la efectividad de las afirmaciones.

CAPÍTULO NUEVE

SUPERAR PROBLEMAS PERSONALES

*"En psicología existe una ley: Si forma una imagen
en la mente de lo que le gustaría ser, y mantiene esa imagen
ahí el tiempo suficiente, pronto se convertirá exactamente
en lo que ha estado pensando".*

—William James

Todos tenemos limitaciones en lo que podemos lograr. Algunas de ellas no pueden ser cambiadas; por ejemplo, es imposible cambiar nuestra estatura. Sin embargo, las técnicas de visualización creativa son usadas para eliminar muchas limitaciones percibidas. La confianza en sí mismo y la autoestima son buenos ejemplos.

Muchas personas están limitadas con una pobre autoimagen que los detiene en todas las áreas de la vida. La visualización creativa les permite eliminar esto y hacer cambios extraordinarios en sus vidas. También puede eliminar el pensamiento negativo, permitiéndoles tener un enfoque más positivo de su existencia. Puede emplearse para ayudar a perder peso e influenciar otras decisiones importantes.

Muchas adicciones son curadas con el poder de la visualización creativa, fumar es un buen ejemplo. Sin embargo, debido a los diferentes grados de adicción, muchas personas necesitan ayuda profesional. Incluso en estos casos, la visualización creativa puede jugar un papel útil al ayudar a liberar al individuo de la adicción.

Los problemas personales más comunes involucran baja autoestima. La timidez, el nerviosismo, la falta de confianza en sí mismo y numerosos problemas de comportamiento, son indicaciones externas de lo anterior. Por consiguiente, muchas personas se beneficiarían de usar las técnicas de visualización creativa para reforzar su autoestima.

Holly me solicitó ayuda porque encontraba difícil decir "no". Por consiguiente, a menudo hacía cosas que preferiría no hacer. Una noche, una semana antes que viniera a verme, un hombre le había telefoneado e invitado a salir. Ella me dijo que quedó confundida y decidió salir, aunque quería decir que no. Fue sencillo hacer que visualizara un escenario similar en el futuro visualizándose respondiendo lo que quería, aceptando o rechazando la invitación. Al practicarlo, Holly quedó relajada y en control cuando la situación ocurrió otra vez.

Al igual que muchas cosas, la incapacidad de Holly para rechazar una invitación inesperada, estaba relacionada con su autoestima. De ahora en adelante, cada vez que da la respuesta que desea, su autoestima aumenta junto con su felicidad.

Ejercicio de autoestima

- Piense en una situación o escenario que le cause dificultad, no importa lo que sea.
- Relájese de la manera usual.
- Diga a sí mismo varias afirmaciones que se relacionen con la autoestima. Podría usar algunas de éstas: "Soy un digno ser humano"; "merezco lo mejor que ofrece la vida"; "me siento seguro en todo tipo de situación"; "me quiero a mí mismo"; "estoy contento de ser yo"; "estoy logrando mis objetivos".
- Visualícese en una situación que sería difícil para usted. Esta podría ser una escena de su pasado o una situación difícil de manejar.
- Observe la escena durante varios segundos, y luego vea que todo el color desaparece de su imagen mental hasta que esté observando la escena en blanco y negro.

- Vea como esta imagen en blanco y negro se hace cada vez más pequeña, como si estuviera retrocediendo en la distancia. Cuando sea un punto en su imaginación, visualice la escena de nuevo como le gustaría que fuera. Imagine esta escena con un color glorioso, y vea, sienta, pruebe y huela la imagen en su mente. Véase realizando con facilidad todo lo que necesita hacer, disfrutando cada momento.

- Permita que la escena en blanco y negro regrese a su mente por unos segundos, y luego reemplácela con la segunda escena. Observe la transformación total que ha hecho entre las dos. Repítalo varias veces, viéndose como "era" antes y como "es" ahora.

- La etapa final de este ejercicio es eliminar totalmente la vieja imagen en blanco y negro. Puede hacerlo de diversas formas. A veces veo que la escena antigua se convierte en una bola pequeña que puedo patear al aire; la veo ascender y finalmente desaparecer. Usted podría visualizar un balde de la basura, convierta la escena en blanco y negro en un paquete pequeño que pueda tomar en sus manos, échelo al balde de la basura y cúbralo con una nueva tapa.

- Una vez que se haya ido la vieja imagen, visualice la nueva escena otra vez. Disfrute observarla todo el tiempo que quiera. Cuando se sienta listo, abra los ojos.

- Repita este ejercicio las veces que pueda hasta que la segunda imagen se convierta en una realidad en su vida.

Ejercicio de patrones de comportamiento

Este ejercicio es similar al anterior, y es usado para cambiar hábitos existentes desde hace mucho tiempo. Recientemente, una de mis clientas utilizó este ejercicio para perder cuarenta libras de peso. La afirmación que empleó junto con este ejercicio fue: "Soy ágil, esbelta y atlética". Le tomó casi seis meses lograr este objetivo, pero actualmente es ágil, esbelta y atlética.

Otra clienta usó este ejercicio para erradicar una adicción al juego de azar. Su afirmación fue: "Me gusta gastar el dinero prudentemente".

Los vendedores han utilizado este ejercicio para superar el miedo al rechazo. Toda clase de temores han sido superados con este ejercicio sencillo. Un hombre joven que conozco quería invitar una chica a una fiesta, pero le asustaba hacer el contacto inicial. Este ejercicio le permitió vencer su miedo, y ahora ambos están comprometidos.

- Piense en el temor o patrón de comportamiento que está afectando su vida.

- Relájese de la manera usual.

- Diga algunas afirmaciones que se relacionen con el problema.

- Piense en la situación más reciente en la que manifestó el patrón de comportamiento que quiere cambiar. Visualícelo en su mente lo más claro posible; mírelo desapasionadamente. Si siente que una emoción crece dentro de usted, haga una pausa y tome varias respiraciones lentas y profundas antes de continuar.

- Deje atrás esa imagen y retroceda a un momento anterior en que demostró la misma conducta. De nuevo, mírelo tranquila y desapasionadamente. Una vez que lo vea con claridad en su mente, déjelo atrás, y retroceda a una ocasión anterior. Siga haciendo esto hasta que no pueda retroceder más.

- Vea la ocasión más antigua que recuerde en la que manifestó la conducta o actividad que quiere cambiar. Observe cuán joven e inmaduro era entonces.

- Deje atrás esa imagen y regrese al presente. Permanezca relajado, con los ojos cerrados. Tome tres respiraciones lentas y profundas y luego proyéctese en el futuro. Véase en una escena en la que normalmente habría manifestado el comportamiento que quiere cambiar. Sin embargo, esta vez véase asertivo y en total control; véase actuando de manera madura y segura. Si quiere invitar a salir a alguien, véase haciéndolo de forma natural y agradable. Si quiere eliminar alimentos perjudiciales de su dieta, véase escogiendo comida buena y saludable de un gran surtido; véase sin mostrar interés alguno en los alimentos que anhelaba en el pasado. Sin importar qué cambio desee hacer, véase haciéndolo felizmente, sin inquietud o remordimiento.

• Felicítese por hacer el cambio. Déjese invadir por sentimientos de orgullo y placer.

• Regrese a la escena más antigua que recuerde, y despídase mentalmente de ella. Véala desvanecerse de la vista y siendo reemplazada con la escena futura. Dígase a sí mismo que así será de ahora en adelante.

• Observe la escena futura todo el tiempo que pueda. Disfrute las vistas, sonidos, sabores, olores y sensaciones que le lleguen.

• Cuando se sienta listo, sonría y abra los ojos.

Creación de un guión

Podría encontrar útil crear un guión para reforzar su objetivo. Esto es llamado visualización guiada, porque el guión dirige y guía nuestros pensamientos. Los guiones pueden ser creados casi para cualquier propósito. Recientemente, ayudé a una mujer a superar su miedo a volar con un guión de visualización guiado que utilizó una y otra vez hasta que su fobia desapareció.

El primer paso es crear un guión para lo que se desea. Estos guiones se dividen en tres partes: relajación, el mensaje, y retornar al presente. Encuentro que de quince a veinte minutos es la duración apropiada para una visualización guiada. La mayoría de gente habla cerca de 150 palabras por minuto, por consiguiente, el guión no debe tener más de tres mil palabras.

Piense en el problema que lo inquieta, y escriba el guión con el resultado deseado en su mente. Trate de incluir toda la emoción y sentimiento posibles. El siguiente es un guión de ejemplo que escribí para alguien que quería más confianza en sí mismo.

Guión de confianza en sí mismo

"Tome una respiración profunda y cierre los ojos mientras exhala lentamente. Sienta una agradable oleada de relajación pasando por cada parte de su cuerpo. Es placentero y cómodo relajarse y dejar que todas las tensiones del día se desprendan de usted.

Ahora tome otra respiración profunda y, cuando exhale, deje que otra oleada de relajación lo invada desde la coronilla hasta los dedos de los pies. Disfrute esta sensación agradable de relajación total. Los músculos se relajan cada vez más con cada respiración que toma.

Observará que cada respiración lo deja más y más relajado, más relajado. Se está volviendo más suelto, y tan relajado mientras se sumerge cada vez más en un estado de relajación total.

Ahora enfóquese en los músculos alrededor de sus ojos, y deje que se relajen. Sienta la relajación mientras pasa gradualmente a cada parte del cuerpo, llevándolo a usted a un estado más profundo y tranquilo nunca antes percibido.

Sumérjase cada vez más en un estado agradable, tranquilo y relajado donde nada lo molesta o perturba. Cada respiración le permite profundizar más y más.

Los ruidos externos no lo perturbarán ni distraerán. Por el contrario, lo ayudarán a sumergirse cada vez más en un estado de relajación total.

Ahora enfóquese en los dedos de los pies, y deje que se relajen. Permita que la relajación de los dedos pase a sus pies, de modo que ahora ambos pies estén totalmente relajados. Ahora deje que esa relajación pase a ambas piernas. Sienta las pantorrillas, rodillas y muslos relajándose cada vez más con cada respiración cómoda que toma. Y mientras se relaja siente que se sumerge más y más en este estado agradable, tranquilo y relajado donde nada lo molesta o perturba.

Sienta la relajación pasando a su estómago y pecho. Ahora permita que la relajación pase a los hombros. Eso está bien, es muy bueno. Ahora sienta la relajación bajando por los brazos hasta las yemas de los dedos. Simplemente relajándose, relajándose, relajándose . . . (Pausa)

Sienta que la relajación pasa a su cuello y cara, hasta la coronilla, de modo que quede completamente relajado de los dedos de los pies hasta la cabeza.

Se siente tan bien descansar así, suelto y tan relajado; es una sensación maravillosa, tan tranquila y descansada. Simplemente escuchando tranquilo el sonido de mi voz mientras se sumerge más y más en relajación total y perfecta.

Ahora déjese llevar completamente mientras esta relajación maravillosa pasa a través de cada nervio y célula de su cuerpo.

Ahora examine mentalmente todo su cuerpo para ver si todavía hay áreas tensas. Concéntrese en ellas y permita que se relajen, tanto como el resto de su cuerpo. Ahora usted se siente tan cómodo, totalmente relajado en cada parte de su cuerpo. No tiene deseo de hacer nada, excepto esperar las sugestiones que le ayudarán a tener toda la confianza que desea.

Su respiración es lenta y uniforme mientras se sumerge más y más en este mundo maravilloso de relajación total. Quiere estar en el estado más profundo que pueda, porque es tan beneficioso para usted, con cada partícula de su ser sintiéndose totalmente relajado.

Es una sensación maravillosa estar tan relajado y cómodo, sin que nada lo perturbe o moleste. Se siente cómodo, seguro y tan, tan relajado. Esta sensación agradable es tan sosegada y tan relajante. Se siente maravillosamente relajado, pero sabe que puede profundizar aún más en un estado de relajación total.

Ahora véase en la parte superior de una bella escalera; es la escalera más hermosa que ha visto. Puede sentir la alfombra lujosa debajo de sus pies, mientras mira esta magnífica escalera. Hay una maravillosa sala abajo, llena de personas que quiere y lo quieren. Puede oír la conversación alegre y decide bajar a unirse a ellas.

Ahora pone su mano en el pasamanos bien pulido, y juntos bajaremos los diez escalones para unirnos al grupo alegre en la sala. Cuando cuente de diez a uno, doblará su relajación con cada paso mientras bajamos lentamente.

Diez. Doble su relajación mientras damos el primer paso en esta magnífica escalera.

Nueve. Otro paso y de nuevo doblando su relajación; sumergiéndose más y más.

Ocho. Sumérjase aún más mientras da otro paso y dobla su relajación una vez más.

Siete. Totalmente suelto y relajado, mientras da otro paso.

Seis. Doblando su relajación otra vez.

Cinco. Estamos a medio camino en esta bella escalera, hacemos una pausa y miramos la escena alegre mientras usted dobla su relajación una vez más.

Cuatro. Quedando totalmente relajado.

Tres . . . dos . . . y uno.

Cuando termina de bajar la escalera y se une a las personas alegres en la sala, dobla su relajación otra vez, y ahora está totalmente suelto y relajado. (Pausa)

Está disfrutando la compañía de esta sala llena de personas alegres. Todas son personas que conoce bien, y le sorprende encontrarlas en la misma sala. Aquí hay personas de sus primeros días de escuela y amigos que no ha visto en años. Hay antiguos vecinos y amigos actuales. Algunos de sus parientes preferidos también están aquí, incluso unos que murieron hace años, pero se ven exactamente como los conoció, y todos están emocionados por verlo.

Le dicen que han venido aquí para verlo, porque usted es muy especial e importante para ellos. Lo rodean con amistad, amor e increíble confianza. Usted reconoce que con la fe y el apoyo de ellos puede lograr cualquier cosa. Ellos lo llenan de confianza y fuerza interior y una sensación de total bienestar, sabiendo que puede lograr lo que fije en la mente. Lo animan a que piense en grande y tome el control de su vida. La fe y confianza que le tienen lo hacen ver que puede alcanzar lo que fije en la mente. Parece extraño que todas estas personas tengan más confianza en usted que la que solía tener en sí mismo. Pero ahora sabe que puede lograr cualquier cosa, y está motivado y resuelto a tener éxito, a quitarse las cadenas que lo ataban y a ser la persona gloriosa, exitosa, segura de sí misma y motivada que es en realidad.

Ahora, en su imaginación, regrese a una escena del pasado en la que su confianza lo defraudó o sintió que no dejó una buena impresión. Vea esta escena de forma separada, como si pasara en un televisor a blanco y negro y le estuviera sucediendo a alguien más en lugar de usted. Observe esta escena, y ahora examínela de nuevo, pero esta vez es totalmente distinto porque tiene toda la confianza que le faltaba antes. Esta vez véase hacer todo de manera segura y relajada. Observe la maravillosa impresión que da. Sienta la confianza dentro de usted mientras revive esta escena. Sienta lo sereno y feliz que está. Observe la respuesta maravillosa que otras personas tienen hacia usted, vea todos los finos detalles.

Ahora, examine esta segunda escena una vez más, aquella donde se sintió tan seguro de sí mismo, pero esta vez véala en una pantalla enorme y en color glorioso. Sienta, perciba y vea cada aspecto de esa escena, y siéntase bien consigo mismo, porque sabe que así será de ahora en adelante. (Pausa) Usted es un ser humano digno y seguro de sí mismo, merece todas las cosas buenas de la vida y está haciendo que sucedan, de aquí en adelante. Deje que esta confianza se filtre a través de cada nervio, músculo y fibra de su ser, revitalizándose y restaurándose.

Ahora está tan feliz. Se ha quitado la capa de timidez e inseguridad y está revelando su verdadero ser interior seguro de sí mismo. Todo lo que haga de ahora en adelante será de su ser verdadero y seguro. Ya no tiene uso para esa capa vieja y andrajosa que lo detenía y no revelaba nada de su interior maravilloso y real.

De ahora en adelante estará en total control de su vida. Tiene control completo sobre sus pensamientos y acciones. De ahora en adelante estará alerta a los insidiosos pensamientos negativos que a veces entran en su mente consciente. Cada vez que se encuentre teniendo un pensamiento negativo, simplemente reemplácelo con uno positivo. Puede cambiar el pensamiento negativo completamente, o reemplazarlo con una afirmación positiva. A medida que aumente el dominio sobre sus pensamientos, aumentará su confianza, vitalidad y felicidad. Usted es una persona positiva y entusiasta que ve el lado bueno de todo. Las decepciones y los contratiempos ya no lo perturbarán; simplemente los considerará como oportunidades de aprendizaje que abren puertas para progresar más.

Ya no estará contento de llevar una vida en las sombras, ahora merece su lugar en el sol y va a reclamarlo. De vez en cuando saldrá de su zona de comodidad para mantener su posición legítima en el sol. Todos debemos expandirnos de vez en cuando, y usted tendrá un gran placer al hacerlo. Cada vez que reaccione de esta forma aumentará su confianza. Tiene el poder, la energía, el entusiasmo y la confianza para superar cualquier obstáculo que se encuentre en el camino de su éxito. Está en total control de su propia vida y decide vivir como una persona segura, positiva y feliz.

Ahora visualícese en el futuro cercano, en una situación que le habría causado dificultad en el pasado. Véase haciendo todo con facilidad y confianza total. Ese es su verdadero ser, y de ahora en adelante es el que mostrará al mundo. Mientras hace esto, sus logros serán cada vez más grandes, su felicidad aumentará, sus relaciones con todos mejorarán, y se sentirá en total control en todos los aspectos de su vida.

Es una persona totalmente segura de sí misma y puede hacer lo que fije en su mente; es una persona totalmente segura de sí misma.

A medida que aumenta su confianza, encontrará que sus relaciones con otros también mejoran. Usted es compasivo, solidario y comprensivo. Debido a lo que ha experimentado, es consciente de que otras personas también tienen problemas y dificultades en sus vidas, y le gusta ayudarlas.

Su sonrisa amable, naturaleza compasiva y seguridad en sí mismo ayudan a que los demás reconozcan su propio valor, y lo quieren más por estar preparado para escuchar y comprender.

Su sentido del humor crece diariamente. Las cosas que le molestaban en el pasado ya no son importantes, y se ríe de los contratiempos. Cada vez que sonríe o ríe está expresando su entusiasmo especial y amor por el mundo. Su sonrisa tiene el poder de cambiar vidas, y se encuentra sonriendo y riendo más que nunca. Cada vez que hace esto, aumenta su confianza y autoestima.

Y mientras se sumerge aun más en la agradable relajación, se da cuenta de que es único e importante. Lo que piensa, siente y dice es tan valioso e importante como los pensamientos, sentimientos y conversaciones de los demás. Es importante y valioso, y celebra su individualidad. Ya no le importa lo que otras personas dicen o piensan, está seguro de sí mismo y es digno de lo mejor que la vida ofrece.

Tiene confianza de que puede hacer lo que fije en su mente, se ve como una persona exitosa, feliz y sumamente segura de sí misma. Debido a que se siente bien consigo mismo, cada día va a mejorar más. Merece tener éxito, y como está seguro de sí mismo y en total control, va a hacer el futuro aun más exitoso que el presente.

Ahora vamos a regresar al presente a la cuenta de cinco. Cuando llegue a cinco, abrirá los ojos sintiéndose absolutamente maravilloso. También abrirá los ojos lleno de confianza total e ilimitada.

Si está escuchando esta cinta en cama en la noche, a la cuenta de cinco se volteará y caerá en sueño profundo, durmiendo profundamente hasta que sea el momento de despertar en la mañana. En cualquier otra ocasión que escuche esta cinta, abrirá los ojos a la cuenta de cinco sintiéndose maravilloso en todas las formas posibles.

Ahora empieza la cuenta. Uno, ganando energía, sintiéndose maravilloso. Dos, saliendo ahora, sintiendo una oleada de confianza avanzar a través de cada poro de su ser. Tres, reconociendo la situación en la habitación. Cuatro, sintiéndose totalmente revitalizado y mejor que lo que se ha sentido durante mucho tiempo. Cinco, abriendo los ojos y sintiéndose maravilloso".

Hay dos formas en que puede usar un guión de este tipo: grabarlo en un cassette y escucharlo cada vez que quiera, o familiarizarse con el contenido del guión y luego repetirlo silenciosamente mientras está relajado. Yo prefiero grabarlo, porque me mantiene concentrado en el propósito de la visualización guiada. Sin embargo, no siempre es práctico hacer esto, y encuentro útil recordar los puntos principales de la visualización guiada para pasarla en mi mente cuando estoy acostado en la cama en la noche o cada vez que tengo tiempo libre.

Siempre grabo mis visualizaciones guiadas. He oído que es mejor tener los mensajes grabados por alguien del sexo opuesto. Sin embargo, dependiendo de la naturaleza del problema, es probable que no queramos que el contenido de la cinta lo conozca alguien más. Además, usualmente es más conveniente grabar un nuevo cassette nosotros mismos, en lugar de esperar hasta que alguien más esté disponible para grabarlo.

Las visualizaciones guiadas funcionan bien solas, pero son especialmente efectivas cuando se usan en conjunto con afirmaciones y visualizaciones creativas.

CAPÍTULO DIEZ

SUPERACIÓN PERSONAL

Para llevar una vida digna y plena, debemos buscar constantemente mejorar en todas las formas posibles. Podemos continuar nuestra educación, tener nuevos intereses, desarrollar talentos, mejorar nuestras habilidades sociales, mejorar la memoria y trabajar para convertirnos en la persona que deseamos ser en cinco o diez años.

La visualización creativa juega un papel importante en todas las áreas de la superación personal. Reconocer nuestro potencial y trabajar en un programa de desarrollo personal es uno de los aspectos más satisfactorios de la vida. Es sumamente gratificante saber que somos mejores hoy que ayer, gracias a nuestros propios esfuerzos.

¿Ha conocido a alguien que creía que lo sabía todo y por consiguiente no necesitaba hacer esfuerzo alguno para mejorar aún más? Desafortunadamente, hay muchas personas de este tipo. Cuando alguien llega a esta etapa, se ha envejecido, sin importar cuál sea su edad cronológica. Seguir aprendiendo es una de las mejores formas de permanecer jóvenes e interesados en la vida.

Mi difunto amigo Walter se interesó en la impresión en sus sesentas, y en la informática en sus setentas. Los últimos veinte años de su vida fueron de los más felices porque aprendió cada vez más sobre sus nuevos intereses. El día que murió se había inscrito en un nuevo curso de programación. Hasta el día de su muerte a los 83 años de edad, fue tan entusiasta como un adolescente. Él atribuía su actitud juvenil al hecho de que siempre estaba aprendiendo. Walter demostró la teoría de que entre más aprendemos, más capaces somos de seguir aprendiendo.

Todos tenemos el tiempo para superarnos. Uno de mis viejos vecinos aprendió a hablar ruso por sí mismo. Él no tenía planes de viajar, pero aprendió el idioma como un ejercicio intelectual. Tenía menos tiempo libre que la mayoría de personas, pero aprendió la lengua escuchando cassettes en su carro, estudiando diez o quince minutos en la noche y usando cada momento libre para visualizarse hablando ruso con fluidez. Cuando era posible, cerraba los ojos para hacer la visualización lo más vívida posible, e incluso aprendió a hacerlo con los ojos abiertos. Esto le permitió usar la visualización mientras esperaba en filas, e incluso cuando esperaba que el semáforo cambiara a verde.

Cuando le pregunté por qué estaba aprendiendo algo que quizás no le iba a ser de utilidad, él respondió que disfrutaba la estimulación intelectual y que con motivación podía lograr prácticamente todo.

La motivación es obviamente un factor clave en la visualización creativa. No dedicaríamos el tiempo para visualizar nuestros objetivos, a menos que estuviéramos motivados a lograrlos.

Usted descubrirá que alcanzará sus metas de superación personal más rápidamente y con mucho menos esfuerzo, cuando incorpore la visualización creativa en el proceso. Recomendaría que dedique suficiente tiempo para hacer un ejercicio de visualización creativa completo cada vez que sea posible. Sin embargo, no hay razón para que no utilice momentos durante el día para visualizaciones de treinta a sesenta segundos en lugar del ejercicio completo o como visualizaciones adicionales.

No hace mucho, un joven acudió a mí por ayuda. Estaba a punto de perder su trabajo como vendedor de autos porque no estaba realizando ventas. Myles tenía una personalidad amigable y extrovertida, y adoraba los autos, sin embargo, carecía de la confianza requerida para cerrar la venta. Debido a que le pagaban por comisiones, también estaba sufriendo económicamente. Si no aumentaba rápidamente su pobre récord de ventas, tendría que conseguir otro empleo. El principal problema era su autoestima, pero Myles también necesitaba desarrollar habilidades en ventas.

En nuestro primer encuentro, le pedí a Myles que me dijera qué quería exactamente. No me sorprendió que su respuesta fuera que deseaba vender más autos. Luego le pedí que escribiera todos los pasos que estaban involucrados en el proceso desde el momento que entraba el posible comprador a la sala de exhibición. Después de diez minutos, Myles elaboró una lista:

- Entra el posible comprador.

- Me presento, y pregunto cómo puedo ayudarlo.

- Escucho atentamente para determinar las necesidades del posible cliente; determino si debe ser arreglada la financiación para asegurar la venta.

- Luego le muestro los autos que considero apropiados para él.

- Explico las características de cada auto, y también los beneficios que tendría con ellos el posible comprador.

- Animo a la persona para que ensaye los autos que más le gustaron.

- Le pido que me hable de cada auto, después de haberlos probado.

- El probable cliente decide cuál auto prefiere.

- Determinamos si el cliente puede comprar el auto.

- Cierro la compra.

- Preparamos un acuerdo de venta.

- El cliente —ya no un posible comprador— sale en su auto nuevo.

- Contacto varias veces al cliente para asegurar que está satisfecho con la compra. Establezco una relación a largo plazo con el comprador, porque quiero venderle muchos autos en el futuro.

Luego le pedí a Myles que se relajara y visualizara todo el proceso en su mente, viendo y experimentando cada paso del mismo. Myles era bueno para visualizar y no tuvo dificultad para seguir el proceso de principio a fin.

Después le dije que cerrara los ojos y viera mentalmente la primera etapa una vez más. Una vez que lo hizo, le pedí que dejara los ojos cerrados mientras le pregunté si tuvo sensaciones negativas en su cuerpo o mente cuando experimentó esto. No las tuvo. En realidad, las únicas sensaciones que tuvo fueron positivas.

Más adelante le pedí que visualizara todas las etapas, una por una. Myles reconoció sentirse un poco nervioso en el segundo paso, cuando tenía que presentarse al posible comprador. De la tercera a la novena etapa todas fueron positivas. Myles era conocedor de su producto y le gustaba hablar de autos. En el paso diez (cerrar la compra), Myles sintió un nudo en su estómago. Sin embargo, se sintió regocijado positivamente en los pasos once a trece.

Le sugerí que escribiera varias afirmaciones positivas sobre sí mismo y sobre las ventas. Expliqué que su trabajo era suministrar a sus clientes el mejor auto que podían comprar, y que debía estar orgulloso de tener la oportunidad de venderles un buen producto. De algún modo, Myles había desarrollado sentimientos negativos respecto a vender, y esto, combinado con una ligera falta de confianza en sí mismo, estaba privándolo de un sustento, y a sus potenciales clientes de un buen auto.

Nada de esto lo sorprendió, pero le mostró a Myles las áreas en las cuales debía mejorar. Después de pensarlo, él sugirió varias afirmaciones:

- "Me gusta vender autos".
- "Soy un vendedor responsable y exitoso".
- "Me gusta ayudar a mis clientes".
- "Me satisface ayudar a que mis clientes compren el auto apropiado para sus necesidades".
- "Soy un vendedor honesto y ético".
- "Me gusta interactuar con la gente, y disfruto dar la bienvenida a posibles clientes".

Myles practicó sus visualizaciones al iniciar cada mañana, y de nuevo antes de acostarse en la noche. Se inscribió en un curso de ventas básico, y repitió sus afirmaciones cada vez que podía.

Al menos una vez a la semana, se ponía a prueba en cada etapa del proceso de venta para ver lo que le decían su cuerpo y mente. Se requirieron tres semanas para que su cuerpo se sintiera cómodo en todos los trece pasos. Para entonces, sus ventas habían mejorado mucho, y él y su prometida empezaron a hablar de comprar su propia casa.

Aunque Myles ahora es un vendedor de autos exitoso, todavía practica sus visualizaciones dos veces al día. También repite mentalmente situaciones que no terminaron en ventas, para determinar lo que pudo haber hecho diferente para lograr el resultado exitoso. En sus visualizaciones matinales, siempre ve un grupo abundante de posibles compradores entrando a la sala de exhibición, y experimenta cada momento de su tiempo con cada uno. Aunque no se considera psíquico, en varias ocasiones ha "visto" personas en su mente horas antes de que entren a la sala de exhibición.

"Son los más fáciles para venderles", me dijo. "Ya les he vendido una vez en mi mente. Eso significa que son clientes en lugar de posibles compradores. De algún modo, saber eso significa que todo el proceso sigue exactamente como sucedió en mi mente".

Myles utilizó la visualización creativa para mejorar sus habilidades en ventas. Ahora también está usándola para mejorar su juego de golf. (Usar la visualización creativa para los deportes es el tema del capítulo siguiente).

Superación personal en su espacio secreto

El espacio secreto que vimos en el capítulo siete puede ser utilizado de muchas formas para la superación personal. Primero que todo, decida en qué área de su vida desea trabajar. Supongamos que quiere tener más confianza en sí mismo. Relájese y luego visualícese dentro de su espacio secreto. Piense en alguien que conozca que tenga mucha confianza en sí mismo, e invítelo a su espacio. Pídale que se quite los zapatos, y luego póngaselos usted. Descubrirá que de repente tiene toda la confianza que posee la otra persona. Camine alrededor del espacio en los zapatos de su invitado, y disfrute las sensaciones de confianza suprema en cada célula de su cuerpo. Cuando sienta que la confianza ha penetrado en todo su ser, quítese los zapatos y devuélvalos; los devuelve, pero conserva la confianza. Despídase de la persona y luego relájese todo el tiempo que quiera en su espacio secreto, feliz porque ahora tiene toda la confianza que le faltaba antes. Cuando se sienta listo, regrese a su vida cotidiana.

Puede usar esta técnica para tener la cualidad que desee.

CAPÍTULO ONCE

ÉXITO EN LOS DEPORTES

"Cuando la mente habla, el cuerpo escucha. Literalmente, nos convencemos a sí mismos de cada victoria o derrota en el juego de la vida".

—DOCTOR DENIS WAITLEY

La visualización creativa es una herramienta sumamente efectiva que le ayudará a lograr lo mejor de sus capacidades, tanto en el entrenamiento como en la competencia. Muchos atletas campeones han hablado de los beneficios de la visualización creativa. Terry Orlick, un psicólogo deportivo y ex campeón de gimnasia, escribió: "La mayoría de nuestros campeones olímpicos y mundiales realizan al menos 15 minutos de imágenes a diario, y muchos practican regularmente una hora cada día cuando se preparan para competencias importantes".[1] Si la mayoría de campeones mundiales usa la visualización creativa para alcanzar la excelencia, imagine lo que haría para mejorar su juego o deporte.

¿Ha visto a Tiger Woods estudiando un golpe importante antes de golpear la bola? Él estaba visualizando la bola yendo exactamente a donde él quería que se dirigiera. Su padre, Earl, le enseñó cómo usar imágenes creativas cuando era un niño. Tiger Woods es sólo uno de los innumerables atletas que usan la visualización creativa para lograr destreza deportiva. Ejemplos de atletas famosos que usan imágenes creativas incluyen a Michael Jordan (baloncesto), Jean-Claude Killy (esquí), Jack Nicklaus (golf), Nancy Kerrigan (patinaje artístico), Michelle Davison (salto) y Janet Dykman (tiro de arco).[2] En una ocasión, Jean-Claude Killy estaba lesionado y no pudo prepararse físicamente para su siguiente carrera. Sin embargo, esquió el recorrido mentalmente, y cuando llegó el momento de competir, produjo uno de sus mejores resultados.

Jack Nicklaus dio una buena descripción de cómo usaba la visualización creativa: "Primero, veo la bola donde quiero que termine, bella y blanca y situada sobre el césped verde; luego la escena cambia y veo la bola yendo ahí: su camino, trayectoria y forma, incluso su comportamiento al caer . . . La siguiente escena me muestra golpeando la bola de tal forma, que convertirá en realidad las imágenes anteriores".[3]

La siguiente es otra cita de Jack Nicklaus, quizás la persona con mayor capacidad para visualizar en el deporte: "Antes de cada golpe voy al cine en mi mente. Primero veo la bola donde quiero que termine, en un área específica pequeña del césped. Después veo la bola yendo ahí —su camino, trayectoria y comportamiento al caer—. Finalmente, me veo golpeando la bola de la forma que hará realidad las dos primeras imágenes. Estas 'películas caseras' son una clave para mi concentración y mi enfoque positivo para cada golpe".[4]

Mucho se ha hablado del juego mental del golf en los últimos cien años. El viejo cliché "el golf es 99 por ciento mental", quizás viene desde esa época. En el libro, *The Mystery of Golf*, publicado en 1908, Arnold Haultain escribió: "Para jugar bien al golf, un hombre debe jugar como una máquina; pero como una máquina en la que el motor mental debe ser perfecto como el mecanismo muscular".[5]

Mark McGwire declaró al *The New York Times* que usó técnicas de visualización para batear setenta "home runs" durante la temporada de béisbol de 1998 en los Estados Unidos. Su técnica fue simple: "Visualicé mi bate haciendo contacto con la bola", dijo.[6]

Danni Roche era miembro del equipo de hockey que ganó una medalla de oro en los Olímpicos de Atlanta. Ella hacía sus visualizaciones en la ducha después del entrenamiento. Se veía junto al resto del equipo en el estrado recibiendo una medalla de oro. En sus visualizaciones, el equipo de Corea siempre quedaba de segundo. Es interesante observar que eso fue exactamente lo que sucedió. Parada en el estrado, Danni Roche dijo a su colega Karen Marsden, "no estoy segura si es real o es otro sueño".[7] Ella había visualizado este resultado tantas veces, que casi tuvo que pellizcarse para asegurarse de que era real.

Herb Elliott, el gran atleta australiano, corrió diecisiete veces la milla por debajo de cuatro minutos. Él ganó la medalla de oro para los 1.500 metros en los Olímpicos de Roma en 1960. Una de las técnicas que usó fue visualizar a un competidor justo tras de él. Era una persona imaginaria, sin nombre ni rostro, que estaba esperando pasar a Herb en el momento indicado. Esta imagen evitaba que Herb mermara el ritmo cada vez que la pequeña e insistente voz en su cabeza le sugería que podía aflojar un poco.[8]

Brian Orser, el campeón mundial de patinaje artístico de hombres en 1987, sentía sus visualizaciones en lugar de "verlas". "Mis imágenes son sólo de sentir", escribió. "No creo que sean visuales en lo absoluto. Tengo esta sensación interna. Cuando en realidad estoy compitiendo en el hielo, tengo la misma sensación por dentro".[9]

Carl Lewis, la gran estrella de la pista, siempre se visualizaba ganando la carrera mientras se preparaba para la salida. Greg Louganis, el saltador en natación, ganador de medalla de oro en los Olímpicos, desarrollaba en la mente cada salto unas cuarenta veces antes de realizarlo. Algunas de estas visualizaciones eran en cámara lenta, mientras en otras imaginaba el salto en tiempo real.[10]

No es difícil ver por qué la mayoría de atletas usa la visualización creativa. Por ejemplo, si imagina que está compitiendo en una carrera, su corazón empezará a latir más duro, aunque la carrera esté ocurriendo sólo en su mente. Esto muestra lo conectados que están la visualización creativa y el rendimiento. De hecho, investigadores en Lyón, Francia, han descubierto que quienes tienen gran capacidad para visualizar se vuelven mejores atletas que sus colegas que no visualizan.[11] Mientas visualizan, estos grandes atletas también experimentan los mismos sentimientos y sensaciones en sus cuerpos que cuando están compitiendo. Sienten la ansiedad, tensión y emoción de la competencia. Todos usan sus sentidos, imaginan el estadio y mentalmente logran la posición corporal correcta para cada movimiento. Sienten la bola en sus manos, huelen el césped recién cortado, oyen el bate golpear la bola, y la ven elevarse en el aire, yendo exactamente donde querían que fuera, oyen el rugido del público y saborean la dulzura del éxito.

Edmund Jacobson fue un psicólogo y fisiólogo que desarrolló la técnica de relajación progresiva en la década de 1930. Él escribió que los músculos de las personas mostraban una cantidad medible de la misma actividad eléctrica que producía movimiento cuando se imaginaban haciendo una actividad específica.[12]

En la década de 1960, Alan Richardson, un psicólogo australiano, condujo un experimento para determinar qué tan efectivas eran las técnicas de visualización creativa para los atletas. Escogió tres grupos de jugadores de baloncesto que no habían usado antes la visualización creativa. El primer grupo practicó sus lanzamientos libres cada día durante veinte días. Al final de este tiempo habían mejorado un 24 por ciento. El segundo grupo no practicó durante veinte días, y naturalmente, sus resultados no mejoraron. El tercer grupo tampoco practicó baloncesto en los veinte días, pero todos los días visualizaron haciendo lanzamientos libres. Este grupo mejoró un 23 por ciento, sólo uno por ciento menos que el primer grupo que había practicado en forma real.[13] Desde entonces, este ha sido un experimento estándar en las clases de psicología de las universidades alrededor del mundo.

La visualización creativa es muy útil para ayudar a concentrarse en áreas del juego o deporte que necesitan mejoramiento. Por ejemplo, si constantemente fallamos al golpear la bola jugando al golf, un entrenador nos mostraría el golpe correcto. La práctica nos ayudará a hacerlo bien, y usando la visualización creativa, mejoraremos el golpe final en la mente. Sin embargo, debemos tener cuidado de utilizar sólo visualizaciones positivas. Si practicamos el golpe incorrecto en la mente, nuestro juego empeorará.

Esto puede ser un problema para algunos atletas. Por supuesto no van a ganar todos los eventos en los que participan, y si se enfocan en sus derrotas, en lugar de sus éxitos, se programarán para el fracaso la siguiente vez que compitan. La solución para este problema es visualizar jugando lo mejor que pueden y logrando el éxito. Repetir visualizaciones positivas de este tipo una y otra vez da un refuerzo positivo y aumenta la probabilidad de ganar la siguiente vez.

El ejemplo más asombroso de visualización creativa que he conocido involucra a un golfista entusiasta que no jugó al golf en siete años, sin embargo, el practicó el juego cada día en su mente. Cuando jugó de nuevo, redujo veinte golpes de su promedio normal.

El comandante James Nesmeth no se alejó deliberadamente de los campos de golf, él pasó siete largos años como prisionero de guerra en Vietnam del Norte confinado en una celda que tenía cinco pies de largo y cuatro y medio pies de alto. Durante siete años estuvo casi que en aislamiento y no pudo realizar ninguna actividad física. Después de meses de desesperación, orando para que fuera liberado, el comandante Nesmeth decidió que debía hacer algo con la mente para conservar su cordura y eligió jugar un juego completo de golf en su mente. Todos los días durante los siguientes siete años se imaginó vestido con su traje de golfista y jugando dieciocho hoyos en un exclusivo club campestre. Experimentó el paisaje, los sonidos y olores que habría sentido si en realidad estuviera estado ahí. Veía aves volando y ardillas en las ramas de los árboles, sentía la lluvia y el viento sobre su cara en días invernales, y escogía los diferentes palos que necesitaba para su juego. Sentía y experimentaba cada detalle de cada golpe que hacía, cada juego era desarrollado en tiempo real. Debido a él no podía ir a ninguna parte, experimentó cada juego sin prisa cada día. En su imaginación, veía cada golpe cayendo exactamente donde quería. Después de siete años de práctica mental, Nesmeth no sólo conservó su cordura, también mejoró su promedio normal en veinte golpes.

No estoy sugiriéndole que sea un ermitaño durante siete años. Sin embargo, si se visualiza jugando su deporte preferido con el detalle que lo hizo el comandante Nesmeth, su juego mejorará inevitablemente. La experiencia de él muestra que la visualización creativa es tan buena como realizar un juego real cuando no podemos jugar por alguna razón. Por ejemplo, si estamos cansados o lesionados, si el equipo adecuado no está disponible, el clima es inclemente o las circunstancias nos impiden jugar, podemos seguir practicando en la mente. Si jugamos un deporte de equipo, podemos practicar realizando juegos imaginarios sin necesidad de que los otros miembros estén presentes.

Uno de los principales beneficios de usar la visualización creativa, además de practicar el juego, es que mejoramos más rápidamente. En realidad, estamos doblando o triplicando la cantidad de tiempo que dedicamos al juego. Naturalmente, debemos saber cómo jugar y cómo manejar el equipo correctamente antes de hacer la visualización, no queremos reforzar malos hábitos. Si estamos familiarizados con el equipo y sabemos usarlo, haremos todos los movimientos adecuados cuando practiquemos en nuestra imaginación.

La visualización también permite prepararnos para situaciones que todavía no hemos experimentado. Usando imágenes mentales podemos practicar las veces que queramos, de modo que cuando llegue el momento real, estemos completamente preparados y listos para tener éxito, porque ya lo hemos hecho muchas veces en la mente.

Otro beneficio de la visualización es que podemos practicar mentalmente habilidades difíciles y perfeccionar nuestra técnica anticipadamente. También brinda confianza en nuestra capacidad de realizar estas tareas difíciles en una situación de competencia.

La visualización creativa también puede ser usada para eliminar emociones y pensamientos negativos. El nerviosismo, la ansiedad, el estrés, las expectativas poco realistas y otras presiones, tales como la necesidad de complacer a otras personas, tienen el potencial de influir en la probabilidad de éxito de un atleta.

La visualización también es útil para motivarnos a hacer todo lo que se requiere para el éxito. Si encontramos aburridas ciertas partes del entrenamiento, podemos visualizarnos haciendo las tareas menos agradables con el mismo entusiasmo que el resto. Esto ayudará a poner más energía en esa parte del programa de entrenamiento.

Muchos atletas encuentran de gran ayuda visualizarse desempeñándose de manera perfecta justo antes de competir. Los saltadores se imaginan saltando perfectamente, los esquiadores se visualizan haciendo la mejor carrera posible, los gimnastas se ven haciendo una rutina impecable, y los atletas de deportes en equipo se visualizan haciendo movimientos clave. Estas visualizaciones los ubican en el estado de ánimo adecuado para el éxito, olvidan sus temores y el nerviosismo, y se enfocan en la realización de sus metas.

Igualmente, a muchos atletas les gusta revivir sus actuaciones exitosas visualizándolas después. Esto refuerza los sentimientos de éxito y los ayuda a desempeñarse aun mejor la próxima vez.

En sus visualizaciones, véase realizando el juego o compitiendo lo mejor que pueda. Podría hacer la acción menos rápida en su mente, de modo que pueda visualizarse en cámara lenta. Cuando esté seguro de que está haciendo todo correctamente, aumente la velocidad.

Durante la competencia real, puede usar una visualización simbólica. Si está compitiendo en una carrera, por ejemplo, visualice a alguien susurrando afirmaciones positivas en su oído. Podría imaginar a alguien empujándolo hacia el éxito.

CAPÍTULO DOCE

ÉXITO EN LA PROFESIÓN Y EN LOS NEGOCIOS

"Un empresario es esencialmente alguien que visualiza y realiza. Él puede visualizar algo, y cuando lo visualiza, ve exactamente cómo hacerlo realidad".

—ROBERT L. SCHWARTZ

Según el *Wall Street Journal*, la mayoría de ejecutivos exitosos visualiza regularmente y considera ésta una de las seis actividades más importantes. "Los grandes ejecutivos imaginan cada faceta y sentimiento de lo que debería ocurrir para tener éxito en una presentación, practicando un tipo de sueño de vigilia intencional. Un ejecutivo menos efectivo prepara su información y presentación, pero no su psique".[1] Cuando a Peter F. Drucker se le pidió que definiera liderazgo, él dijo, "liderazgo es visión; no hay nada más qué decir".[2] Fred Smith (FedEx), Howard Schultz (Starbucks), Sam Walton (Walmart), Anita Roddick (Body Shop) y Michael Dell (Dell Computers) son sólo unos ejemplos de empresarios visionarios y exitosos.

Podemos usar el extraordinario poder de la visualización creativa para progresar en cada etapa de nuestra profesión. Podemos usarla para conseguir un ascenso, encontrar un empleo nuevo y mejor, iniciar una empresa o lograr cualquier otra meta comercial o profesional.

Todos sabemos que los grandes atletas dedican innumerables horas al entrenamiento para alcanzar el éxito. Ninguno de ellos se fía sólo de la capacidad natural. Sin embargo, muchas personas creen que sus habilidades naturales son todo lo que necesitan para ascender posiciones en sus profesiones, no se les ocurre que llegarían más lejos y más rápido si mantuvieran un programa de educación continua y desarrollo de capacidades. La visualización creativa juega aquí un papel importante.

Ya hemos visto cómo la visualización creativa puede ayudarlo a superar problemas personales y mejorar su vida personal. Hay muchas formas en que puede usarla para progresar en su vida profesional.

Fijar metas juega un papel esencial en la vida comercial. Una meta es básicamente una visualización de lo que deseamos en el futuro. Algunas empresas pequeñas son dirigidas sin objetivos, pero está garantizado que seguirán siendo pequeñas hasta que la dirección establezca metas específicas. Nunca hubiéramos oído de IBM, Microsoft, General Motors o cualquier otra corporación grande, si no se hubieran molestado en fijar metas. Es igual de importante fijar metas para nuestra propia carrera profesional.

Dedique tiempo elaborando objetivos a corto, mediano y largo plazo para sí mismo, estos deben abarcar todas las áreas de su vida, no sólo su carrera o profesión. Fije metas para su vida familiar, educación adicional, dinero, ocio y espiritualidad.

Naturalmente, va a tomar mucho tiempo para que se realicen sus metas a largo plazo, y es probable que se desanime, pero el éxito de sus metas a corto y mediano plazo lo mantendrán motivado. Siga visualizando todos sus objetivos sin importar cuánto tiempo tomen para manifestarse. Celebre la realización de cada meta, sin importar cuán pequeña sea.

Es difícil fijar metas si no está seguro de lo que quiere lograr. Por fortuna, la visualización creativa ayudará a resolver este problema. Relájese cómodamente, y luego visualícese de aquí a un año. Observe su entorno, sus posesiones, pasatiempos e intereses. Dedique todo el tiempo que quiera examinando su vida dentro de doce meses. Cuando abra los ojos, tome nota de la experiencia. Determine si estaría feliz viviendo de la manera que lo indicó la visualización.

Uno o dos días después, repita la visualización, pero proyéctese cinco años adelante. Examine todo mientras disfruta la visualización. Por ejemplo, si su riqueza ha mejorado dramáticamente, averigüe lo que hizo o está haciendo para generar el dinero adicional. Mire su profesión, hogar y vida familiar, salud física, diversión y dinero. De nuevo, tome nota cuando termine. Finalmente, proyéctese diez años adelante, y repita el proceso.

Una vez lo haya hecho, estará en posición para fijar metas a fin de lograr la calidad de vida que desea dentro de uno, cinco y diez años. Podría encontrar que sus proyecciones para el futuro muestran un marcado mejoramiento en todas las áreas de su vida. Ahora que sabe cómo lograrlo, puede fijar metas para acelerar el proceso. Si sus proyecciones lo mostraron trabajando en vano, o incluso en retroceso, puede fijar objetivos para crear el tipo de vida que desea. Repita estas visualizaciones de su vida futura hasta que reflejen la vida que planea disfrutar.

También puede usar la visualización creativa como ayuda en las otras áreas de su vida laboral.

Recientemente, ayudé a un joven que debía hacer una presentación a un grupo de ejecutivos en la corporación en la que trabajaba. Brad nunca antes había hecho algo como esto, y estaba nervioso. Le enseñé cinco técnicas de visualización que pueden ser usadas en la mayoría de situaciones de negocios.

- **Desempeño perfecto**. Hice que Brad viera la reunión completa varias veces en su mente antes del evento. En la visualización se vio seguro de sí mismo, dando una presentación dinámica a sus superiores. Él concibió toda la escena, desde el momento que llegó al trabajo en la mañana, hasta el momento que regresó a su escritorio después de recibir las felicitaciones de las personas que lo habían escuchado.

- **Copiando**. Esta técnica se realiza si quiere desarrollar una destreza en particular. Piense en alguien que ya posee esta habilidad. No importa quién es esta persona, podría ser una estrella de cine, un político o alguien que conoce. Visualícese en una escena con esta persona, y véala utilizando la cualidad que quiere desarrollar. Cuando esté listo, cambie de rol con esta persona en su visualización. Véase hablando y actuando del mismo modo que ella lo hace, véase seguro de sí mismo usando la destreza que desea desarrollar. Una vez que se sienta bien, visualice una situación en el trabajo y véase naturalmente usando la cualidad que desea. Esta técnica es magnífica porque podemos adoptar habilidades de muchas personas. También es sumamente efectiva. Hace algunos años traté de ayudar a un vendedor que era rechazado cuando hacía llamadas telefónicas. Después de recibir tres o cuatro "no" seguidos por teléfono, le era imposible llamar a la siguiente persona de su lista. Le enseñé varias técnicas, pero ninguna funcionó. Sin embargo, el problema desapareció tan pronto como empezó a copiarse de un colega que tomaba el teléfono y marcaba el siguiente número sin importar las respuestas que recibía. Brad usó esta técnica de imitación para ganar la confianza que necesitaba.

• **Espacio secreto.** Ya he mencionado esta técnica. En sus visualizaciones debe empezar yendo a un espacio imaginario y secreto donde pueda relajarse y solucionar todos sus problemas en su vida. La principal ventaja de esta técnica es que con un poco de práctica quedará totalmente relajado tan pronto como piense en su espacio especial. Allí puede llevar su visualización a donde quiera. Otra ventaja es que aquí puede eliminar el temor, la ansiedad, el estrés o las presiones de cualquier otro tipo. Unos momentos en el espacio secreto son buenos para su cuerpo físico, pues se relajará tan pronto como lo visualice, y también rejuvenecerá su mente y alma. Brad usó esta técnica, junto con la técnica de desempeño perfecto a fin de prepararse para la presentación.

• **Anticipación.** Esta es una corta visualización del resultado obtenido hecha justo antes del evento real. Es probable que usted haya visto muchos atletas haciendo esto antes de competir. Hice que Brad pasara cinco a diez segundos justo antes de su presentación viéndose dando su charla exactamente como quería que fuera.

- **Repaso.** Esta es una visualización que es hecha después del evento. Brad la hizo en la noche después de su presentación. En una visualización de repaso, vimos todos los aspectos de lo que en realidad sucedió, concentrándonos en los positivos, pero también observando los negativos para ver cómo podrían ser eliminados la próxima vez. Cada vez que encuentre un aspecto negativo, debe corregirlo mentalmente para que se vea haciéndolo exitosamente. Muchas personas encuentran útil ver la versión corregida en cámara lenta, para sentir todo lo que sucede. Cuando todos los aspectos negativos han sido cambiados, la visualización entera puede ser vista de nuevo a velocidad normal. Finalmente, visualice todos los beneficios que acumulará como resultado de su desempeño. Algunos de ellos podrían ser tangibles, tales como recibir una bonificación u órdenes de ventas. Sin embargo, no olvide los beneficios intangibles, tales como saber que se desempeñó bien o el mayor respeto que recibe de otros.

Me agrada informar que la presentación de Brad resultó bien. No estuvo nervioso porque la había ensayado mentalmente varias veces, por consiguiente, pudo concentrarse en su discurso y mensaje. Aunque no hubo recompensas tangibles inmediatas, Brad sintió satisfacción porque había dejado una buena impresión en las personas que podrían ayudarle a progresar en la empresa.

Ahora Brad usa esta técnica en todas las partes de su vida. Estaba sorprendido al descubrir lo útil que era visualizar llamadas telefónicas importantes antes de hacerlas. "Me veo en el teléfono hablando con el cliente", me dijo. "No ensayo ninguna conversación, sólo visualizo la sensación de la llamada, y cuán positiva y exitosa es para todos los interesados. Lo asombroso es que esto elimina posibles problemas, porque siempre veo la llamada con buenos resultados".

No es sorprendente que las llamadas de Brad sean tan exitosas, pues él las ha resuelto en su mente antes de hacerlas. Una conocida mía que vende bienes raíces siempre se visualiza mostrando propiedades a la gente antes de hacerlo en la realidad. Ella dedica de diez a quince minutos haciendo esto cada mañana antes de levantarse, y de nuevo en la noche antes de dormirse. Por consiguiente, ya ha respondido las objeciones de las personas en su mente, y puede concentrarse en mostrarles las propiedades que les convienen. Ella sabe que va a hacer la venta porque ya ha vivido todo el proceso en su mente, y recalcó la importancia que era hacer esto constantemente.

"Hacerlo una o dos veces, o incluso diez veces, no funciona", me dijo. "Hay que seguir sembrando esa semilla en la mente. Cuando uno empieza a hacerlo todos los días sin falla, los milagros comienzan a ocurrir".

Una mujer que solía venir a mis clases de desarrollo psíquico usa la visualización creativa para sugerir nuevas ideas en su negocio. Cada noche ve su empresa de diferentes formas. Usa su imaginación para proponer ideas raras, descabelladas y excéntricas —entre más extrañas sean, mejor—.

Después de la sesión de visualización, las escribe y luego las evalúa uno o dos días después.

"Algunas de estas ideas son brillantes", me dijo. "Otras son simplemente disparatadas. Pero la visualización me permite experimentar en mi mente. En mi imaginación puedo hacer cualquier cosa, y no hay riesgo de perjudicar mi empresa". Ella rió. "Mis hijos dicen que tengo una imaginación loca. Mejor agregaría que estos ejercicios también ayudan a mi concentración".

Quedé fascinado al oírla hablar del proceso que usa, porque ella es una de las personas más creativas que he conocido. La visualización creativa es una herramienta muy efectiva para sugerir nuevas ideas para su empresa o profesión.

También podemos emplear la visualización creativa para promover nuestra profesión en otras formas. Conozco a un asesor comercial quien enseña a sus clientes cómo visualizar situaciones desde el punto de vista de la otra persona, además del de ellos. En lugar de visualizar una situación de venta únicamente desde el punto de vista del vendedor, los anima a visualizarla desde la perspectiva del probable cliente. Esto les permite mejorar sus presentaciones en formas que de otra manera nunca se les hubiera ocurrido. Un ejercicio interesante es convertirse mentalmente en el potencial cliente. Esto nos da una gran ventaja comercial para vernos a través de los ojos de alguien más. Usted se asombrará de lo que "ve" cuando haga este ejercicio.

Haga este ejercicio antes de enviar una carta comercial. Visualice al destinatario abriendo su carta y leyéndola. Podrá experimentar todos los pensamientos, sentimientos y sensaciones que llegan a su mente. Como mínimo, este ejercicio mejorará sus habilidades de escritura de cartas, pues de ahora en adelante, probablemente decidirá reescribir algunas de sus cartas antes de enviarlas por correo.

Esto también puede ser usado en muchas formas. Por ejemplo, podría temporalmente convertirse en su pareja, hijo o hija, vecino, alguien que le debe dinero, etc. La capacidad de visualizarse desde el punto de vista de alguien más es muy valiosa y mejorará todos los aspectos de su vida.

Un excelente vendedor me dio una buena sugerencia recientemente. Además de usar la visualización creativa para sí mismo, también crea imágenes en la mente de sus posibles compradores, de modo que puedan ver, sentir, probar y oler la oferta que él está presentándoles. En otras palabras, logra que se vean usando el producto o disfrutando los beneficios de tenerlo. Naturalmente, cuando esa etapa es alcanzada, la venta está casi garantizada.

CAPÍTULO TRECE

LA VISUALIZACIÓN
Y LA SALUD

"Una mente sana en un cuerpo sano; si el primero es la gloria del segundo, éste es indispensable para el primero".

—TRYON EDWARDS

Los curadores han usado la visualización creativa como ayuda para sanar durante miles de años. La gente creía que los espíritus malignos entraban al cuerpo y causaban enfermedades, y las visualizaciones eran usadas para exorcizar estas entidades negativas del paciente. En el antiguo Egipto, seguidores del dios Hermes se visualizaban sanos y en buena forma. Los antiguos curadores griegos instruían a sus pacientes para que soñaran siendo sanados. Los magos-sacerdotes egipcios usaban conjuros que eran una mezcla de oraciones y visualizaciones. Los chamanes realizaban curaciones visualizándose emprendiendo un viaje para encontrar el alma de la persona enferma, y luego devolverla. Incluso actualmente, los indios navajos hacen visualizaciones colectivas para ayudar a que sus pacientes se vean sanos de nuevo.[1]

En la década de 1920, un investigador norteamericano llamado Edmund Jacobson fue uno de los primeros en investigar la relación entre la mente y el cuerpo. Descubrió que cuando un voluntario se visualizaba corriendo, los músculos de sus piernas empezaban a moverse involuntariamente.[2]

La profesión médica ha estado interesada en el posible poder curativo de la visualización durante al menos cincuenta años.[3] Organizaciones médicas han declarado que el estrés puede crear diversos problemas de salud, tales como una alta presión sanguínea, úlceras y apoplejías. Si nuestra mente puede causar mala salud, seguramente también podemos usarla para crear buena salud. La visualización es la forma perfecta de lograrlo.

Desde 1965, los doctores Carl y Stephanie Simonton han ayudado a numerosos pacientes de cáncer a visualizar sus cuerpos curándose. El doctor Simonton observó que los pacientes que tenían actitud positiva hacia la vida tenían más probabilidad de recuperarse que los pacientes resignados o pesimistas. También observó que muchos pacientes con cáncer vivían lo suficiente para participar en un evento o celebración que habían esperado con ilusión. Debido a que sabía que la mente influía en las respuestas inmunológicas de las personas, él empezó a crear experimentos para ayudar a sus pacientes a desarrollar una actitud positiva hacia la vida y la curación del cáncer.

Simonton comenzó enseñando a sus pacientes cómo relajarse. Una vez que se encontraban en un estado relajado, se les instruía que visualizaran una escena tranquila. Luego visualizaban su cáncer, y veían su sistema inmune funcionando perfectamente. Después de esto, ellos visualizaban una oleada de glóbulos blancos pasando sobre el cáncer y llevándose las células malignas que han sido eliminadas o debilitadas por la terapia de radiación. Los glóbulos blancos acaban con todas las células malignas y las sacan del cuerpo. A final de la visualización, los pacientes se ven sanos una vez más.

Los Simonton tuvieron éxitos increíbles con esta técnica, sin embargo, no benefició a todos. Los pacientes que creían en la técnica, o al menos estaban dispuestos a suspender la incredulidad, recibieron los mejores resultados. Sin el elemento de fe, la visualización era simplemente una fantasía que tenía poco o ningún efecto.

Los niños fueron los más beneficiados con la técnica de Simonton, quizás porque encuentran más fácil usar su imaginación que los adultos. Por consiguiente, muchos hospitales tienen juegos de video interactivos en los que sus pacientes jóvenes pueden jugar a derrotar sus enfermedades.

La doctora Karen Olness, del Cleveland Children's Hospital, dio varios ejemplos de niños usando la visualización creativa para curar y controlar el dolor durante una conferencia promovida por el Institute of Noetic Sciences. Un joven hemofílico se visualizaba volando en un avión a través de sus vasos sanguíneos y liberando una carga de Factor 8, el factor coagulante de la sangre del que carecía su organismo, cada vez que necesitaba controlar el sangrado.[4]

Garrett Porter tenía nueve años de edad cuando fue diagnosticado con un tumor cerebral al parecer inoperable. Él visualizó una batalla tipo "Guerra de las Estrellas", en la cual conducía un escuadrón espacial que combatía contra el tumor. Éste desapareció en cinco meses, sin necesidad de otra terapia. Años después, él y Pat Norris, su terapeuta, escribieron un libro sobre su experiencia llamado *Why Me? Learning to Harness the Healing Power of the Human Spirit.*[5]

Sin embargo, las visualizaciones que involucran "matar" una enfermedad no son el enfoque apropiado para todos. La gran mayoría de personas aborrece la idea de matar en cualquier forma. Por consiguiente, necesitan un enfoque diferente, tal como visualizar la enfermedad derritiéndose o disolviéndose. Un método comúnmente usado es visualizar la enfermedad como un terrón de azúcar que se disuelve mientras se vierte agua caliente. Otra posibilidad es visualizar la enfermedad siendo sacada del cuerpo por medio de una aspiradora. Naturalmente, las imágenes no tienen que ser médicamente correctas, siempre que el paciente las visualice con claridad. Hay evidencia que parece indicar que visualizar en símbolos es más efectivo que tratar de visualizar los órganos del cuerpo. Concentrándose en una imagen positiva, el paciente llama a las defensas naturales del cuerpo para que luchen contra la enfermedad.

Es importante visualizar la enfermedad débil e ineficaz, y la cura fuerte y poderosa. Por ejemplo, la enfermedad podría ser vista pequeña, estremeciéndose de miedo y de color gris. Para acentuar la fuerza contra la debilidad, algunas personas prefieren visualizar escenarios como policías y ladrones. En una charla que di hace algunos años, alguien me dijo que había visualizado un perro grande peleando contra uno pequeño. Éste caía de espaldas y se rendía. La enfermedad también se rendía y desaparecía.

Ha habido varios casos en que el paciente ha tenido una visualización espontánea que explicaba la causa subyacente de la enfermedad o sugería un remedio. Jean Houston, una autora muy respetada, experimentó esto a los 23 años de edad. Ella deliraba con lo que su doctor sugirió que era gripe. Varias señoras con sombreros floreados aparecieron en su imaginación y le dijeron que debía pedirle a su madre que se hiciera la prueba de sangre dada a los alcohólicos. La mujer lo hizo, y la prueba mostró que estaba gravemente enferma de hepatitis.[6] Jean Houston experimentó una visualización involuntaria. También es posible hacer una visualización de este tipo deliberadamente, para descubrir el origen de la enfermedad y pedir ayuda para curarla.

Cuando tenía cinco años de edad, Valere Althouse sufrió de un caso grave de fiebre escarlata. Como consecuencia, su cabello empezó a caerse, cayó en coma y fue llevada al hospital. Aunque estaba inconsciente, supo que un doctor les decía a sus padres que ya no podían hacer nada más. Valere nunca había oído hablar de la visualización, pero de inmediato formó una imagen en su mente en la que se encontraba saludable otra vez. También quería recuperar su cabello, pero esta vez rizado, en lugar de lacio como lo tenía antes. Los doctores se asombraron de que sobreviviera, y quedaron sorprendidos de que no hubiera sufrido daño cerebral a consecuencia de la fiebre. Su cabello comenzó a crecer de nuevo, pero rizado, exactamente como ella lo había visualizado.[7]

Las técnicas de visualización pueden ser usadas para cualquier tipo de enfermedad, desde un dolor de garganta hasta un trastorno mortal. En su libro, *Why People Don't Heal and How They Can*, Caroline Myss, la conocida curadora holística, sugiere que el paciente se imagine en el centro de una rueda rodeada por muchos radios. A cada radio se le coloca una etiqueta con una opción de curación, tal como "oración", "médico experto" o "acupuntura". El paciente visualiza la rueda girando lentamente, permitiendo que el poder y la energía de cada técnica curativa fluyan a sus cuerpos simultáneamente como una unidad completa e integrada.[8]

El poder de la mente para curar ha sido probado en un experimento negativo. El doctor Thomas Holmes, de la Universidad de Washington, condujo un experimento en el cual fueron sacadas biopsias de voluntarios antes y después de discutir ciertos temas. Al hablar del éxito de este proyecto, dijo el doctor Holmes, "causamos daño en tejido con sólo hablar de una suegra viniendo de visita".[9]

Esto demuestra el extraordinario poder de la mente y el efecto que tiene sobre el cuerpo, dando una nueva perspectiva a la frase "médico, cúrate tú mismo". Naturalmente, si estamos enfermos, debemos obtener el mejor consejo médico posible. Sin embargo, debemos usar la visualización creativa las veces que podamos, imaginándonos sanos e íntegros.

Curando una leve enfermedad

La visualización creativa puede ser usada para ayudar a aliviar resfriados, gripe, cortaduras, contusiones y diversos problemas menores de salud.

Visualice de la manera usual, y luego rodéese con una luz pura y blanca. Cuando lo haya hecho, concentre su atención en el problema que lo inquieta. Por ejemplo, si es una cortadura o una abrasión, enfoque su atención sobre esta parte de su cuerpo y visualícela cubierta con un ungüento o bálsamo curativo. Visualice el bálsamo limpiando, curando y restaurando en su cuerpo una salud plena. Para algo como la gripe, podría visualizar la luz blanca que lo rodea cambiando gradualmente de color hasta un dorado vibrante y curativo que penetra cada célula de su cuerpo, restableciéndolo a una salud perfecta. Podría usar cualquiera de estos métodos para un resfriado; podría usar el primero para ayudar a curar un dolor de garganta, y el segundo para un resfriado que haya avanzado más allá de esa etapa. También podría usar una mezcla de ambos. Lo importante es que visualice claramente la energía curativa yendo a la parte afectada de su cuerpo.

Antes de retornar a la vida cotidiana, visualice actividades agradables que estará disfrutando en el futuro cercano. Agradezca al universo por cuidarlo, y regrese a su rutina diaria. Repita esto las veces que sea necesario, hasta que tenga otra vez una salud perfecta.

Visualizando un cuerpo saludable

Es buena idea visualizarse regularmente con una salud vibrante y perfecta. Para hacerlo, visualícese rodeado por una luz pura y blanca y confirmando su buena salud. Visualice la luz llegando a cada célula de su cuerpo, llenándolo de energía y salud perfecta. Sienta la salud plena dentro de usted, y exprese un sentimiento de amor por sí mismo. Visualice unos eventos específicos en el futuro que espera con ilusión, y véase participando en ellos con entusiasmo, energía y alegría. Disfrute la luz curativa todo el tiempo que desee. Cuando se sienta listo, tome unas respiraciones lentas y profundas y abra los ojos. Esta es una buena visualización para hacer cuando se sienta cansado o debilitado, porque rejuvenece, restaura y alimenta cada parte del cuerpo.

Controlar el estrés

El estrés es el efecto que sucesos desagradables, reales o imaginados, tienen sobre el cuerpo físico, y parece ser un problema creciente para la gente alrededor del mundo. Sin embargo, siempre ha sido un hecho de la vida. Quienes vivieron en tiempos prehistóricos deben haber sufrido mucho estrés al cazar para alimentarse y evitar depredadores. Actualmente, el estrés es causado por el trabajo, dinero y compromisos familiares. Viajes largos de la casa al trabajo y del trabajo a la casa cada día pueden ser sumamente estresantes. Unas personas manejan el estrés mejor que otras, pero todas lo experimentan.

El estrés durante períodos de tiempo sobrecarga la mente con pensamientos negativos. Esto causa duda, falta de confianza en sí mismo, baja autoestima y finalmente enfermedad. Los dolores de cabeza, espalda y cuello por estrés o tensión son los ejemplos comunes. El estrés prolongado puede causar insomnio, úlceras, presión sanguínea alta, ataques cardiacos e incluso asma.

La visualización creativa puede ser usada para reducir el estrés y, con frecuencia, eliminarlo. Relájese y luego visualícese en la situación más tranquila que pueda imaginar. No importa cuál escena escoja, siempre que sea sosegada. Vea esta escena usando todos los sentidos posibles.

Disfrute la escena tranquila durante uno o dos minutos, y luego piense en la necesidad de eliminar el estrés de su cuerpo. Visualice el estrés de algún modo. Podría escoger un color y una forma para representarlo. Puede hacer esta forma colorida más grande o pequeña en su mente. Hágala lo más pequeña e ineficaz posible mientras la mantiene visible.

Regrese a la escena tranquila, con su forma pequeñita de estrés sostenida entre su pulgar y el dedo índice. Ahora necesita que este estrés desaparezca. Si hay brisa en su escena, podría separar los dedos un poco y dejar que el estrés sea llevado por el viento. Si está relajándose junto a un arroyo o río, podría poner el estrés en una hoja pequeña o una rama y dejar que el agua lo desaparezca de la vista. Tal vez prefiera patear el estrés hacia el firmamento, o pisarlo hasta disiparlo bajo sus pies. No importa lo que elija hacer, siempre que sepa que el estrés ha desaparecido por completo.

Relájese en su escena agradable todo el tiempo que desee. Cuando se sienta listo, regrese a su vida cotidiana, sintiéndose relajado, vigorizante y libre de estrés.

Si el estrés lo afecta en forma constante, debería hacer esta visualización al menos una vez cada día hasta que la tensión se alivie. Si sufre de estrés ocasional, debe hacer la visualización en la primera señal de que está reapareciendo, y seguir haciéndola regularmente hasta que la vida sea armoniosa de nuevo.

Ayudar a otros

Es posible utilizar la visualización creativa para ayudar a sanar a otros. Es importante que, cuando sea posible, pidamos permiso a las personas que deseamos ayudar. Ellas deben ser receptivas a la idea y desear ser curadas, pues aunque sea sorprendente, no todo el mundo quiere curarse.

Algunas personas obtienen atención especial u otros beneficios de su enfermedad, y no tienen interés en estar sanas otra vez. Estas cosas deben ser tratadas antes de que cualquier curación tome lugar.

Hay veces en que no podemos esperar el permiso. Por ejemplo, si alguien está en coma, hay que empezar a visualizar en seguida.

Inicie la visualización de la forma usual. Siéntese tranquilamente, relájese y luego visualice la persona a quien desea ayudar. Podrá examinar mentalmente su cuerpo y enviar curación a las áreas enfermas. Use su imaginación y visualice la curación llevándose a cabo. Puede "ver" a la persona recibiendo un bálsamo curativo y milagroso que saca la enfermedad. Puede visualizar pequeñas naves espaciales atacando la enfermedad. Tenga la seguridad de que la imagen apropiada llegará a su mente.

Cuando haya terminado la visualización, agradezca al universo por permitirle ayudar en el proceso de curación, y luego regrese al presente. Abra los ojos y continúe con su día, seguro de que el proceso curativo está funcionando. Haga esto todos los días, hasta que la persona recupere su salud. Puede enviar pensamientos amorosos a la persona que está ayudando, pero no hay necesidad de explayarse en la enfermedad. Tenga la seguridad de que el universo se encargará del asunto, y usted debe continuar con su vida normal.

CAPÍTULO CATORCE

LA VISUALIZACIÓN
Y LA MAGIA

"El pensamiento nos ha hecho. Lo que somos, fue labrado y construido por el pensamiento".

—JAMES ALLEN

La visualización es mágica en el sentido de que puede ser usada para atraer lo que deseamos. Los cuentos de hadas nos relatan que podemos desear algo y de algún modo se manifestará mágicamente. Naturalmente, ahora sabemos que otros factores, aparte de sólo pensar en lo deseado, también están involucrados. Debemos tener un solo propósito y concentrar nuestro corazón y mente en un objetivo específico. Esto es exactamente lo que también hacen los magos.

La visualización juega un papel esencial en la magia. Visualizar el resultado exitoso de un hechizo o ritual, hace mucho mayor la probabilidad de éxito. Hay magos que sólo utilizan la visualización creativa para lograr sus objetivos. Sin embargo, la mayoría usa la visualización creativa como parte del proceso, y la acompañan con un propósito, energía, emoción, movimiento, ritual y fe.

Visualización y meditación

La visualización brinda un método efectivo para pasar rápidamente a un estado relajado y meditativo. Todo lo que necesitamos es algo en qué enfocarnos. En mi caso, me gusta mirar fijamente la llama de una vela blanca.

Para hacer esto, siéntese cómodamente a unos seis pies de distancia del objeto que está usando. Mire fijamente el objeto, concentrándose en él sin forzar los ojos. Parpadee cuando sea necesario. Cuando sus ojos se cansen, ciérrelos, pero continúe visualizando aquello en lo que se está enfocando. Si la imagen mental se disipa, abra los ojos por unos segundos para refrescar su mente. Además de conducirlo a un estado relajado y meditativo, este ejercicio le ayudará a desarrollar su capacidad de visualización.

Siga visualizando el objeto todo el tiempo que quiera. Cuando se sienta listo, deje que la imagen se disipe hasta que desaparezca completamente. En este momento podría despejar su mente por completo, y disfrutar la meditación, o ver qué imágenes le llegan de su mente subconsciente. Disfrute el estado meditativo un rato, antes de regresar a su vida cotidiana.

Meditación guiada

Muchos rituales incluyen una visualización guiada que lleva a los participantes a un viaje imaginario y vívido que está destinado a traer conocimiento, sabiduría o un mensaje relevante. Esta visualización es a menudo conocida como "meditación guiada". Cuando se realiza en grupo, una persona dirige los procedimientos, ayuda a los participantes a relajarse completamente, y luego los lleva en un viaje imaginario que les permite tener acceso al poder latente que reside en su interior. Esto les da el conocimiento y poder que necesitan para lograr sus objetivos. Esta fuerza poderosa es multiplicada cuando es creada por un grupo, y crea una fuerte experiencia emocional que ayuda a los participantes a lograr sus objetivos.

La meditación guiada también estimula el chakra de la frente (o tercer ojo), permitiendo que los sentimientos e intuiciones fluyan libremente.

El siguiente es un ejemplo de meditación guiada:

- Relájese completamente.

- Visualícese en una escena agradable al aire libre. Se siente cómodo y curioso acerca de algunos aspectos de su vida, percibe el panorama, los sonidos, los olores y las sensaciones de este entorno placentero.

- Observa un pequeño camino que conduce a una arboleda en una colina. Decide seguir el camino para ver a dónde conduce.

- Entra a la arboleda. Es un poco más frío, pero todavía se siente cómodo. Percibe una sensación de emoción, y empieza a caminar con más propósito que antes.

- Llega a la cima de la colina donde encuentra una cabaña pintoresca con una puerta principal de color vivo. Usted toca la puerta.

- Después de una corta espera, la puerta se abre y mira asombrado a la persona al frente suyo. Ella le entrega algo que le permite entender lo que sucede en su vida.

- Expresa su aprecio y agradecimiento, y luego retorna a través de la arboleda por el camino, de regreso a donde comenzó.

- Cuando se sienta listo, abra los ojos y piense en el viaje imaginario que acaba de emprender, y el conocimiento que ha obtenido. La persona (o animal) que abrió la puerta tendrá relevancia en su vida. Vale la pena pasar tiempo pensando en por qué esa persona (o animal) en particular apareció en su visualización, pues usualmente será una sorpresa. Si es un animal, piense en el simbolismo que éste crea en su mente. Por ejemplo, un ciervo podría generar sentimientos de apacibilidad o velocidad, mientras un león lo haría pensar en fuerza, poder y nobleza. Tal vez se beneficiaría trabajando con las energías de ese animal. Piense en lo que le dieron, porque también tendrá relevancia.

Siempre es mejor finalizar la meditación guiada donde la inició. Esto crea un claro principio y fin para la experiencia.

Podemos usar meditación guiada para diversos propósitos. Por ejemplo, se podría utilizar para obtener protección. Para lograrlo, haga una visita a un lugar seguro donde nada le haga daño. Si necesita valor, haga una expedición para encontrar a alguien que le dé la fuerza y valentía que requiere. Podría examinar diferentes mitos y leyendas, tomando el rol de uno de los personajes. Obtendrá conocimiento adicional repitiendo la meditación guiada representando cada uno de los personajes principales. Podría ir y volver a través del tiempo a diferentes lugares donde puede aprender lecciones que necesita para aprovechar al máximo esta encarnación. La meditación guiada es una herramienta útil, pero nunca debe usarse como un pasatiempo. Si determina lo que quiere lograr antes de emprender cualquier meditación guiada, obtendrá lo mejor de la experiencia.

Contactando su ángel guardián

Es posible usar la visualización creativa para contactar su ángel guardián. Esto permite tener acceso a la mente subconsciente, que lo sabe todo.

Cierre los ojos y relájese. Visualícese en su espacio secreto, o en un lugar seguro donde se sienta totalmente relajado y cómodo. Dígase a sí mismo que quiere conocer su ángel guardián. Si está en su espacio secreto mire hacia la entrada, si está al aire libre mire en la dirección donde cree que el ángel aparecerá.

Sea paciente, y espere a que aparezca su ángel guardián. Si está visualizando una escena al aire libre, podría primero ver a su ángel como un punto en la distancia. Gradualmente observará más detalles a medida que se acerca. Si está visualizando su espacio secreto, el ángel podría abrir la puerta y entrar, o aparecer de repente frente a usted.

Tal vez se sorprenda al verlo. Podría ser más alto o bajo de lo que imaginaba, la ropa, cabello y rasgos podrían no ser lo que esperaba, y puede o no tener alas visibles.

Empiece preguntándole si en realidad es su ángel guardián. Si no lo es, pídale que se aleje y que le envíe su ángel guardián. Usted está bajo control en la visualización creativa. Si la imagen parece ser agresiva o amenazante, puede hacerla desaparecer de inmediato.

Una vez que haya conocido a su ángel guardián, podrían dar un paseo juntos o sentarse a charlar. Si está en su espacio secreto, lleve a su ángel guardián a dar una corta vuelta. Hágale las preguntas que quiera. Cuando haya terminado, despídase, y abrace o bese a su ángel guardián si parece apropiado. Dígale que de ahora en adelante estará acudiendo a él regularmente; también sugiera que lo visite cada vez que parezca conveniente.

Repita este ejercicio en uno o dos días. Cuando se haya acostumbrado a la presencia de su ángel guardián, visualice diferentes lugares dónde podrían encontrarse. Es necesario que él llegue cuando lo requiere, no sólo cuando usted se encuentre en su espacio secreto.

Su ángel guardián también puede acompañarlo cuando esté haciendo la meditación guiada. Esto es especialmente útil cuando su vida parezca confusa o difícil.

En un tiempo viví cerca de Hampton Court, en Inglaterra, y visitaba frecuentemente el laberinto de jardines. Si tenía que tomar una decisión difícil, me encontraba con mi ángel guardián en la entrada del laberinto. Usualmente, el asunto ya estaba resuelto cuando salíamos de allí.

Es posible usar las mismas técnicas para contactar cualquier tipo de guía. Yo uso mi ángel guardián porque tengo un gran interés en el tema de los ángeles. Tal vez usted prefiera un guía totalmente distinto. No hace diferencia si es alguien que existió, es imaginario o incluso un animal. Un conocido mío acude a su abuelo fallecido cuando necesita ayuda y consejo. Usted puede visualizar un hechicero, bruja, sacerdote, sacerdotisa, dios o diosa. Una persona podría escoger un león por razones simbólicas, otra tal vez teme a los leones y elige un ciervo o un conejo. Usted podría no escoger deliberadamente una persona o animal. Si necesita ayuda o consejo, pida esto y vea que llega a ayudarlo. Incluso podría ser un animal imaginario, porque cualquier cosa es posible en una visualización.

Pregunte siempre a la imagen que aparece si es su guía. A fin de cuentas, no importa en qué forma aparezca su guía, porque tendrá acceso a su mente subconsciente y podrá darle buenos consejos.

Tampoco está limitado a un solo guía, puede tener diferentes para diversos propósitos. Uno puede ayudarlo a avanzar en su profesión, otro ayudarlo con relaciones personales, y otro ayudarlo a redecorar su casa.

Los guías pueden ser de cualquier sexo, y es común que las personas tengan guías masculinos y femeninos, pues todos tenemos ambos aspectos. Los guías también pueden tener diferentes edades. Por ejemplo, podría sorprenderle tener un niño como guía, pero la elección es apropiada, porque dentro de nosotros todavía hay un rastro del niño que alguna vez fuimos.

Símbolos

En magia, diferentes símbolos son usados frecuentemente como puntos focales para ayudar a desarrollar la capacidad de visualización. Los cinco símbolos Tattva hindúes del poder elemental son buenos ejemplos. Ellos representan los cinco elementos:

Tierra–Cuadrado amarillo

Agua–Círculo azul

Fuego–Triángulo equilátero rojo (apuntando hacia arriba)

Aire–Media luna plateada (apuntando hacia arriba)

Éter–Huevo violeta

(Algunas personas en la cultura occidental usan la media luna para representar agua, y el círculo para representar aire. Esto se debe a que la media luna es similar a la Luna, y por consiguiente puede representar energía lunar, que se relaciona con el elemento agua. Además, el aire parece ser azul cuando se mira al firmamento, haciendo que un círculo azul sea un símbolo apropiado. Para los propósitos de estos ejercicios, he conservado las asociaciones hindúes originales).

Podría ser útil crear un juego de símbolos Tattva para ayudarse cuando empiece a trabajar con ellos. Coloque el símbolo de la tierra (cuadrado amarillo) en una posición donde pueda mirarlo cómodamente sin levantar o bajar la cabeza. Debe sentarse a unos seis pies de distancia de él. Relájese todo lo posible mientras observa el símbolo. Mírelo fijamente todo el tiempo que pueda. Cierre los ojos cuando empiecen a sentirse pesados. Vea qué tanto puede retener la imagen del cuadrado amarillo en su mente sin distorsionarla o cambiarla de algún modo. Si comienza a cambiar de color, tamaño o forma, abra los ojos para ver cómo es el símbolo, y repita el ejercicio.

El objetivo es visualizar el símbolo en la mente durante diez minutos sin perder la concentración. Una vez que pueda hacerlo, repita el ejercicio con cada uno de los otros símbolos. Es probable que en principio encuentre difícil hacer este ejercicio porque tal vez su mente se extraviará. Sin embargo, si lo practica todos los días, pronto descubrirá que puede enfocarse en el símbolo durante diez minutos con facilidad.

Cuando visualice claramente los cinco símbolos, podrá usar esta capacidad para crear magia en su vida. Piense en algo que mejoraría su existencia de algún modo, piense en este deseo en términos de símbolos. Cree una forma para su petición y luego déle un color. Generalmente, el diseño y color llegarán a su mente tan pronto como decida crear un símbolo. Sin embargo, habrá veces en que deberá pensar en el símbolo necesario antes de que esto suceda.

Una vez que tenga el símbolo requerido, siéntese y relájese del mismo modo que lo hizo con los símbolos Tattva. Tal vez encontrará útil hacer el símbolo primero, para que pueda concentrarse en él. Sin embargo, la práctica que ha tenido con los símbolos Tattva probablemente le permitirá cerrar los ojos y visualizar claramente cualquier símbolo. Me gusta dibujar el símbolo, ya que puedo colgarlo en una pared para que actúe como una afirmación silenciosa. Cada vez que lo veo, recuerdo mi petición al universo.

Para crear magia, debe concentrarse en su símbolo escogido. Imagínese ya en posesión de lo que está buscando, y luego déle toda la carga emocional que pueda. Visualice su símbolo vibrando con energía mientras absorbe toda la emoción que le da. Después de hacerlo, llene el símbolo con el poder de su voluntad, su deseo absoluto de poseer lo que está buscando. Cuando su símbolo parezca estar a punto de estallar con el poder de su energía, propósito, atención, fe, emoción y voluntad, envíelo conscientemente al universo donde manifestará su deseo. Yo lo visualizo como una gran corriente de energía que hace salir disparado el símbolo hacia el universo. Después de hacerlo, agradezca al universo, y continúe con su día, totalmente convencido de que el deseo se manifestará en su vida.

Cartas del tarot

Las cartas del tarot son sumamente útiles para propósitos de visualización, porque contienen una gran riqueza de imágenes y simbolismo. Algunas de ellas son más fáciles de identificar que otras.

Por ejemplo, la carta de La Fuerza es fácil. Esta carta muestra a una mujer joven con sus manos alrededor del hocico de un león. Simboliza fuerza, fortaleza, resolución, resistencia y valor; también simboliza la fuerza de carácter necesaria para seguir el camino correcto, sin importar el costo. Si necesita fuerza para lograr sus objetivos, siéntese y mire fijamente esta carta. Cuando se sienta listo, cierre los ojos y vea si puede visualizar la carta con claridad en su mente. Una vez que haga esto, póngase mentalmente dentro de ella, y vea lo que llega a usted. Permita que la fuerza de la carta lo llene hasta rebosarlo con su energía, y luego proyéctese en una situación en la que requerirá fuerza. Véase manejando la situación desde una posición fuerte. Véase siendo justo con todos los involucrados, y permaneciendo tranquilo, relajado y centrado, sin importar lo que ocurra. Después de que el incidente acabe, véase sintiéndose complacido y feliz con el resultado.

Puede encontrar la cualidad que desea en la baraja del tarot. Por ejemplo, si desea una relación cercana y satisfactoria, podría meditar y luego visualizar el Dos de Copas. Si quiere progresar en su profesión, el Siete de Pentáculos sería una buena elección. Si busca salir de una situación estresante, visualice el Cuatro de Espadas. El Seis de Bastos sería una carta útil para meditar y visualizar cuando está progresando pero desea avanzar más y más rápido. Es una carta que promete éxito a consecuencia directa de sus destrezas y talentos.

Incluso las cartas que la gente considera negativas pueden ser útiles en ciertas situaciones. Por ejemplo, si tiene una personalidad adictiva, puede encontrar que meditar en la carta de El Diablo y luego visualizarla le dará conocimiento de por qué abusa de ciertas sustancias.

Si una etapa de su vida ha llegado a un fin, por alguna razón, tal vez descubra que visualizar la carta de La Muerte le permite ver que la terminación de algo también señala un nuevo comienzo. Esto puede ayudarlo a dejar atrás cosas a las que se ha aferrado, para abrir el camino a lo nuevo.

Su conocimiento de la visualización será útil si está aprendiendo a usar el tarot u otro sistema de adivinación. Puede visualizar cada carta, y ver qué percepciones se presentan. Tal vez sea útil entrar en la mente de las personas representadas en las cartas y ver lo que tienen que decirle.

Visualización inmediata

Los magos también usan la visualización creativa para otros propósitos. Si se encuentran en una situación potencialmente difícil o estresante, de inmediato se visualizan dentro de una gran burbuja de protección. Si se sienten enfermos, se visualizan rodeados de energía curativa. Si quieren fortalecer su aura, la visualizan creciendo en energía y poder. Si necesitan más poder personal para algún propósito, se visualizan siendo llenados de poder y energía ilimitados.

La mayoría de practicantes de la wicca hacen un círculo mágico físico para crear un espacio sagrado en el cual trabajar. Sin embargo, algunos simplemente visualizan el círculo y lo usan, encontrándolo tan efectivo como un círculo físico y real.

CAPÍTULO QUINCE

25 FORMAS PARA MEJORAR SU VIDA CON LA VISUALIZACIÓN CREATIVA

"Todo hombre debería forjar la vida para que en un momento futuro la realidad y sus sueños se encuentren".

—VÍCTOR HUGO

Como ya hemos visto, la visualización creativa puede ser usada en diferentes formas. La gente la ha utilizado para crear imperios comerciales y ganar medallas de oro en los Juegos Olímpicos. Una queja común que oigo es que tales personas son excepcionales y habrían alcanzado sus metas con o sin la ayuda de la visualización creativa. Es imposible responder esto, porque algunas personas parecen estar conducidas hacia el éxito por una fuerza dentro de ellas. La mayoría de gente carece de este impulso constante para alcanzar grandes metas. Sin embargo, muchas personas que logran objetivos extraordinarios no son impulsadas por dicha fuerza interior. Ellos fijan metas y luego se proponen alcanzarlas, se ayudan con todas las herramientas que encuentran, y la visualización creativa es potencialmente una de las más útiles.

La visualización creativa no es utilizada únicamente para lograr grandes metas, puede ser usada para alcanzar cualquier objetivo o deseo. Sin importar qué tan humildes o ambiciosas sean nuestras metas, la visualización creativa nos ayudará a lograrlas. Las siguientes son 25 formas en que se puede poner en práctica esta técnica para mejorar nuestra vida.

Desarrollar habilidades

Recientemente, tuve que cambiar una llanta de mi auto y me tomó cerca de quince minutos. Poco después, lo llevé para hacerle mantenimiento y vi a un joven mecánico cambiando una llanta. Le tomó apenas tres o cuatro minutos realizar una tarea en la que yo había requerido cinco veces más. Aunque él lo hizo en un taller utilizando las herramientas apropiadas, realizó el trabajo más eficientemente y en un tiempo mucho más corto, porque había desarrollado habilidades especializadas. Mientras yo lo hice con torpeza y quejándome, él realizó el trabajo con facilidad porque lo había hecho cientos de veces antes y sabía exactamente el procedimiento.

Steve Backley, el campeón británico de lanzamiento de jabalina, participó en un experimento en la Universidad de Loughborough. A tres grupos se les dieron diez minutos para armar 32 tornillos, tuercas y arandelas. El primer grupo tuvo diez minutos para practicar. El segundo grupo dedicó diez minutos visualizando la tarea, y el tercero no hizo nada. Al final del experimento, el primer grupo armó los 32 piezas, el segundo armó 30, mientras el tercer grupo armó sólo 22.[1] Este experimento muestra claramente que es posible desarrollar nuestras habilidades en cualquier actividad si se dedica el tiempo a visualizar el proceso. Los resultados de los que visualizaron en el experimento fueron casi iguales a los que habían practicado, y ambos grupos estuvieron muy por delante del grupo que no había hecho nada.

Afirmaciones para ayudar al proceso incluyen, "soy talentoso, experto y competente" y "constantemente desarrollo mis habilidades".

Desarrollar talentos

Podemos usar la visualización para desarrollar nuestras destrezas en prácticamente todo. Soy impráctico, pero he aprendido a hacer muchas tareas caseras por necesidad. Como resultado, he usado la visualización creativa para desarrollar un grado de destreza en estas áreas. Si es posible usar la visualización para desarrollar habilidades en algo en lo que no somos naturalmente buenos, imagine el increíble progreso que haríamos si usamos la visualización para desarrollar un talento.

En el Capítulo Once, vimos cómo atletas exitosos usan la visualización creativa para desarrollar su talento en diferentes deportes. Los mismos métodos pueden emplearse para desarrollar cualquier otro talento.

En 1915, Edwin Hughes enseñó a pianistas a visualizarse tocando las piezas que estaban practicando. "Deben reservar tiempo cada día para la práctica sin el instrumento", escribió, "ya sea durante la caminata vespertina o a una hora tranquila con los ojos cerrados sentados en un sillón, y deben ver mentalmente las composiciones estudiadas con poca indecisión como cuando están sentados frente al instrumento. Cada oportunidad será aprovechada para esta práctica mental, porque el pianista que toca en público debe vivir con sus piezas constantemente. Debe conocerlas, y no simplemente recordarlas, ellas deben ser parte de él".[2]

Glenn Gould fue uno de los más grandes pianistas del siglo XX. Tenía la reputación de interpretar sin ningún esfuerzo hasta las obras más difíciles. Él lo hacía cerrando los ojos e imaginando que estaba al otro lado del salón observándose tocar. Visualizándose tocando la pieza perfectamente, podía tocar del mismo modo en la vida real.[3]

Esto se aplica para cualquier talento, no sólo para tocar el piano. Si tenemos un talento de cualquier tipo, podremos desarrollarlo más rápidamente y llevarlo a niveles más altos si usamos las técnicas de visualización creativa.

Las afirmaciones sugeridas para ayudar al proceso incluyen, "soy creativo, talentoso e inspirado" y "mi talento en (lo que sea) está mejorando todo el tiempo".

Mejorando la creatividad

Todos somos creativos. Cada vez que tenemos un pensamiento estamos creando algo. Todas las ideas comienzan en la imaginación. La visualización creativa hace uso de nuestra imaginación para crear lo que queremos en la vida. Por consiguiente, es una forma muy útil y práctica de mejorar nuestra creatividad.

Albert Einstein escribió que descubrió la teoría de la relatividad cuando se visualizó viajando en un rayo de luz. Henry Moore, el escultor británico, escribió que un escultor "visualiza mentalmente una forma compleja *en todo su entorno*: él sabe, mientras mira un lado, cómo es el otro lado; se identifica con su centro de gravedad, su masa, su peso; reconoce su volumen como el espacio que la forma desplaza en el aire".[4]

Personas muy creativas visualizan automáticamente, pero también puede ser hecho conscientemente. En la década de 1960, el doctor Alex Osborn desarrolló una técnica llamada "imaginación aplicada". La base de su idea era dejar que la imaginación fluyera libremente y propusiera todas las ideas posibles, sin hacer pausas para evaluar cualquiera de ellas. Una vez hecho, las ideas son vistas de nuevo, y evaluadas y estudiadas a fondo.[5] Suspender temporalmente el juicio, aumenta dramáticamente el número de ideas que llegan a la mente.

Un enfoque efectivo cuando se usa la visualización creativa para mejorar la creatividad, es mantener una actitud de expectativa positiva. Relájese y deje que su mente fluya con libertad, seguro de que sugerirá muchas soluciones, de las cuales al menos una será exactamente lo que desea. Permita que las diferentes ideas e imágenes vayan y vengan sin una interferencia consciente. No se preocupe por no recordar todo lo que ocurre, pues después tendrá un recuerdo total. Cuando se sienta listo, tome una respiración profunda y cuente hasta cinco mentalmente. Abra los ojos y disfrute los sentimientos de entusiasmo y emoción que llegarán a su mente. Ahora evalúe todas las ideas que le llegaron durante la visualización.

Tal vez no reciba el resultado que desea en la primera visualización. Con frecuencia, las ideas creativas necesitan un período de incubación antes de aparecer en la mente. Por eso, muchas ideas buenas llegan cuando menos las esperamos. Pablo Picasso era bien consciente de la importancia del período de incubación. En la película *The Mystery of Picasso*, él afirmó: "sería muy interesante registrar fotográficamente —no las etapas de una pintura— sino sus metamorfosis. Tal vez sería posible ver cómo la mente encuentra su camino hacia la cristalización de su sueño".[6]

El uso regular de afirmaciones mejorará el proceso creativo: "Ideas creativas llegan a mí todo el tiempo" y "experimento percepciones extraordinarias todos los días", son ejemplos.

Tratar con personas difíciles

Hace muchos años, pasé unos meses trabajando en una bodega. El trabajo en sí era aburrido, pero lo que lo hacía más desagradable era la mujer que dirigía la oficina. No tengo idea de lo que sucedía en su vida, pero ella sentía mucho placer al actuar en forma grosera y problemática con las personas que consideraba sus subalternas, los cuales éramos todos en la bodega. Yo estaba muy desconcertado, y no había experimentado tal rudeza en el pasado. Todos los días, durante el té de la mañana y la tarde, los trabajadores pensaban en las cosas que podían hacer para molestarla, y de esa forma desquitarse. Que yo sepa, ninguna de estas ideas pasó la etapa de sugestión, pero pensé que sería interesante tratar de congeniar con ella.

Antes de irme a dormir en las noches, me visualizaba en el trabajo el día siguiente. Imaginaba a esta mujer saludándome con una sonrisa en la cara, me veía conversando con ella, e incluso riéndonos por algo gracioso.

Hice esto durante una semana antes de que algo sucediera. Una mañana, poco antes del té matinal, ella me llamó a su oficina y dijo que había estado observándome, y estaba impresionada con mi trabajo. A consecuencia de esto, me dejó encargado de una de las secciones de la bodega. Este ascenso sin pago adicional no significó nada para mí, porque no estaba planeando quedarme mucho tiempo en ese trabajo, pero me emocioné porque mis visualizaciones empezaban a dar fruto. Seguí visualizando, y después de otra semana, ella empezó a venir a la bodega solamente para tener conversaciones conmigo. Pronto comenzamos incluso a compartir chistes.

Tuve otra experiencia similar con una mujer en la oficina de correos local. Ella no parecía disfrutar tratar con el público, y siempre era malhumorada y brusca con los clientes. Entonces decidí que la haría sonreír. Empecé siendo particularmente agradable con ella, pero no tuvo efecto alguno. Le envié una tarjeta de Navidad, pensando que un empleado postal podría recibir una tarjeta, fue ignorada. Finalmente, comencé a visualizarme entrando a la oficina de correos. Ahí estaba la usual fila de personas. Esta mujer levantaba la mirada para atender a un cliente, me veía y me saludaba con una sonrisa.

Comenté a algunas personas lo que estaba haciendo, y todas me dijeron que era una total pérdida de tiempo. La mujer disfrutaba siendo miserable, y yo no viviría lo suficiente para ver su sonrisa. Me alegra decir que estaban equivocados. Mi visualización finalmente funcionó. Después de dos años de visualizar su sonrisa, un día me saludó afectuosamente. Ahora disfrutamos conversaciones cortas y amigables cada vez que voy a la oficina de correos. Todavía no la he visto sonreír a alguien más, pero soy recompensado con una sonrisa cuando me encuentro con ella.

He encontrado que visualizar un resultado positivo es sumamente útil cuando se interactúa con gente difícil. Al igual que la mayoría de personas, mi reacción inicial cuando enfrento la rudeza o desavenencia es dar lo que recibo. Sin embargo, eso no ayuda a nadie, y he aprendido que un poco de amabilidad y comprensión, junto con la visualización, funciona mucho mejor. Haga esto la próxima vez que trate con una persona difícil y vea cómo se torna más agradable la situación.

Las siguientes afirmaciones pueden ayudarlo en estas situaciones: "estoy tranquilo y en control de todo tipo de situación" y "constantemente expreso mi amor por todo el mundo".

Tratar con su jefe

Creo que soy una persona con la que se congenia fácilmente, pero en dos ocasiones en mi vida, he puesto a los jefes en su sitio. En ambos casos renuncié. En estos tiempos más difíciles económicamente, no sería la mejor forma de manejar jefes complicados.

Una solución mucho más preferible es visualizarse junto con el jefe en la situación que habríamos encontrado difícil en el pasado. Visualícese manejando la situación con facilidad. Imagine a su jefe elogiándolo por su buen trabajo e iniciativa. Visualice todos los escenarios posibles. Puede repetir escenas difíciles del pasado, pero en su nueva representación, véalas como le hubiera gustado que resultaran.

Experimentará varios beneficios con estas visualizaciones. Es probable que vea a su jefe de modo diferente, y comprenda los problemas que él o ella enfrenta. Su enfoque cambiará, y esto creará un ambiente laboral más armonioso.

Las visualizaciones sugeridas incluyen: "puedo ver los puntos de vista de otras personas además de los míos" y "comprendo y congenio con todos".

Tratar situaciones difíciles del pasado

Todos tenemos recuerdos de situaciones embarazosas o mal manejadas. Al no haber nada que podamos hacer respecto ahora, es una pérdida de tiempo lamentar constantemente lo sucedido. Pensamientos tales como "¿cómo pude ser tan estúpido?" no son buenos, y efectivamente se convierten en visualizaciones negativas. Pero es posible usar la visualización creativa para eliminar estos problemas.

Relájese, y reviva la experiencia negativa en su mente. Trate de ver la escena de la manera más objetiva posible. Al hacerlo, puede tener discernimientos de por qué se comportó de la forma que lo hizo. Por ejemplo, podría ver que sólo tenía cuatro años en ese tiempo, y su conducta, aunque no buena, probablemente fue una manera razonable de actuar para alguien de esa edad.

Deje atrás la escena en su mente, y forme una escena imaginaria en la que habla con alguien que también estuvo involucrado en la situación. Discúlpese con esa persona, y escuche lo que le diga. Repita esto con todos los involucrados. Finalmente, visualice la situación de nuevo, y despídase firmemente de ella, ahora pertenece sólo al pasado. Ha hecho todo lo que puede para resolver la situación, y no necesita cargar con ella más tiempo. Tome tres respiraciones profundas y abra los ojos. Repita este ejercicio todas las veces que sea necesario hasta que vea que ya no está morando en la situación.

Las siguientes son afirmaciones sugeridas: "dejo atrás el pasado" y "vivo en el presente y aprovecho al máximo cada día".

Tratar situaciones difíciles en el futuro

Tenemos la tendencia a empeorar los problemas en nuestra imaginación. Si somos conscientes de una situación difícil que se presentará en el futuro, podemos usar la visualización creativa para eliminar preocupaciones o temores que podríamos tener respecto a esa situación.

Relájese y piense en el suceso venidero. Determine el nivel de inquietud que siente en una escala de uno a diez. Cuando haya considerado un número, piense en una escena segura, relajante, tranquila y agradable de su pasado. Visualice el evento futuro de nuevo, pero esta vez véase manejando la situación de forma tranquila y segura. Determine el nivel de inquietud que siente. Continúe pasando de la escena tranquila a la que le está causando preocupación, hasta que no sienta una ansiedad considerable en su mente o cuerpo. Siga visualizándose con regularidad manejando la situación como le gustaría hasta que el suceso haya ocurrido.

Este tipo de afirmaciones incluyen: "vivo en el presente", "mi futuro es brillante" y "tengo la fortaleza necesaria para manejar todo tipo de situación".

Manejar los cambios

La mayoría de personas le huye al cambio. Prefieren continuar haciendo lo que siempre han hecho, en lugar de correr un riesgo que podría mejorar la calidad de sus vidas. El hecho de que usted haya comprado este libro muestra que quiere mejorar su vida y no le huye a la perspectiva del cambio. Sin embargo, habrá ocasiones en las que no estará seguro si decidirse o no en un asunto difícil. En la visualización creativa existe una técnica llamada imágenes dobles,[7] que puede ayudarlo a evaluar el cambio y hacer buenas elecciones.

Relájese, y visualice su vida en el futuro cercano si no hace el cambio a que se expone. Cuando lo visualice claramente, déjelo atrás, y luego visualice cómo sería su futuro después de hacer el cambio. Perciba claramente los beneficios de hacer el cambio, y sea consciente de las posibles desventajas. Regrese al primer escenario y vea las ventajas y desventajas de no hacer el cambio. Pase de una escena a la otra varias veces para aclarar ambos esquemas en su mente. Finalmente, visualícese en un lugar seguro y cómodo evaluando las ventajas y desventajas de las dos posibilidades. Podría verse escribiendo una lista de los pros y los contras de cada elección. Cuando haya tomado una decisión, regrese al escenario que prefiere y visualícelo otra vez. Haga lo mismo con el otro escenario, y luego regrese al que ha escogido. Pregúntese a sí mismo si está tomando la decisión correcta, y vea cómo reacciona su cuerpo. Cuando se sienta listo, abra los ojos. Si este ejercicio no aclara su situación, siga haciéndolo hasta que una de las dos posibilidades supere totalmente a la otra.

Naturalmente, de vez en cuando enfrentará cambios que debe aceptar, sin importar cuáles sean sus propios deseos. En estos casos, mire ambos escenarios de la misma forma que antes, pero enfóquese en los beneficios de hacer el cambio, y las desventajas de negarse a aceptarlo.

Estas afirmaciones son sugeridas: "recibo el cambio" y "la vida me brinda oportunidades ilimitadas".

Lograr los resultados deseables

Podemos usar la visualización creativa para cualquier tipo de situación que tenga varias posibles soluciones. Determine el resultado, que según usted, será el más beneficioso para todos los involucrados, y ensaye de antemano la resolución en sus visualizaciones creativas las veces que pueda.

Puede utilizar estas afirmaciones: "me gusta descubrir resultados positivos" y "deseo el éxito para todos".

Un anciano que conocí en una de mis clases me dijo cómo había usado la visualización para mantenerse en contacto con sus dos nietos. Durante años él los había cuidado todos los sábados. A veces iban a su casa, donde les enseñaba carpintería. En otras ocasiones los llevaba al cine o a un juego. Él estaba jubilado, y cada semana esperaba con ilusión el sábado, al igual que sus nietos.

Esta rutina continuó después que se terminó el matrimonio de su hijo, quien luego se marchó de la casa. Los niños y su madre enfrentaron problemas económicos después de esto, y el abuelo los ayudaba con comestibles y ropa de vez en cuando. Un día, la madre le dijo que no tenía dinero, y que si quería seguir viendo a sus nietos, tendría que pagarle 100 dólares por cada visita. El anciano no tenía el dinero para aceptar lo propuesto.

"Entonces hable con su hijo", dijo ella. "Haga que nos envíe más dinero".

Él llamó a su hijo y escuchó su lado de la historia.

"Ella no me va a robar más y no va a conseguir un centavo más de mí", dijo el hijo.

El sábado siguiente, cuando llegó a visitar a sus nietos, su nuera preguntó por el dinero. Como no lo tenía, ella no dejó que llevara a los niños. Él lo intentó de nuevo la semana siguiente, pero nada cambió. Escuchó a sus nietos rogándole a la mamá, pero ella no cambió de parecer.

El anciano se enojó con su nuera por usar los niños de esta forma, pero pudo ver la situación desde el punto de vista de ella. Meditó el asunto durante varios días. Descartó la idea de rogarle a su hijo, podía vender o pedir prestado comprometiendo su casa, pero eso no parecía razonable a su edad. Hasta negociar una cantidad menor con su nuera, terminaría en amargura.

Él comprendió que la decisión de su hija política afectaba a todos los involucrados. El abuelo y sus nietos extrañaban pasar tiempo juntos, mientras la madre dejaba de tener un día libre de responsabilidades parentales.

El anciano visualizó constantemente teniendo sábados felices con sus nietos. Se veía disfrutando una agradable conversación con la madre de los niños al ir a recogerlos. Incluso se visualizó telefoneando a su hijo para decirle cuánto se estaban divirtiendo. Tuvo el cuidado de no ligar amargura o culpa sobre alguien. Creía que este era el mejor resultado posible para todos los involucrados. Durante semanas, visualizó cada momento de un sábado perfecto.

Finalmente, después de cuatro semanas, su nuera telefoneó. Había conseguido un trabajo por horas en un gran almacén. ¿Estaría él dispuesto a cuidar los niños todos los sábados?

"Lo único que no visualicé fue que ella consiguiera un trabajo por horas", me dijo. "Sin embargo, tenía sentido. A ella le encanta, y le da el dinero adicional que necesita. Pasamos malos momentos, pero al final todo salió bien".

Manejar temores irracionales

No hace mucho, un hombre de mediana edad vino a verme. Su matrimonio había terminado unos años atrás, y ahora quería empezar a salir con alguien otra vez. Sin embargo, él había desarrollado la fobia de invitar a salir a alguien. Conocer mujeres no era el problema, porque trataba con muchas en su trabajo. No obstante, se paralizaba de miedo con la idea de invitar a salir a una mujer. Él sabía que este temor era irracional, pero estaba teniendo un efecto negativo en su vida. Entonces le enseñé un ejercicio sencillo y divertido que eliminó el problema en cuestión de minutos.

Hice que se relajara y, en su imaginación, se viera pidiéndole salir a una mujer y siendo rechazado.

"¿Cómo se siente?", le pregunté.

"Muy estúpido", respondió.

"Está bien, se siente estúpido. ¿Y qué? ¿Es el fin del mundo?

Él suspiró. "Supongo que no, pero no me gusta sentirme estúpido".

"¿Es usted bueno, honesto y generoso?, pregunté.

"Sí".

"En ese caso, ¿quién es el estúpido, usted o ella?"

"Yo, porque fui rechazado".

"¿Y debido a eso nunca invitará a salir a otra mujer? Eso es estúpido".

Hubo un silencio largo. "Supongo que lo es", dijo al final.

"Bien. Ahora acérquese a otra mujer y pregúntele si quiere salir. ¿Qué dice ella?"

"Algo rudo".

"¿Cómo se siente?"

"Estúpido".

"Aja. Así que cada vez que es rechazado se siente estúpido. Ahora imagínese con una mujer muy hermosa, y está profundamente enamorado. ¿Cuántas veces valdría la pena sentirse estúpido para llegar a ese estado? ¿Una vez, dos veces, cien veces?"

Él se rió, y supe que el problema estaba resuelto. Poco después de eso, luego de sólo un par de rechazos, encontró una mujer atractiva para compartir su vida.

El secreto de esta técnica es imaginar el peor escenario y ver si podemos manejarlo. En nuestra mente podemos hacerlo tan exagerado y ridículo como queramos. En realidad, el problema nunca será tan malo como lo imaginamos. Saber que podemos manejarlo, hace sencillo superar el temor irracional.

Estas afirmaciones son sugeridas: "todo va bien para mí hoy y todos los días" y "estoy seguro de mí mismo y en control de mi mente y mis emociones".

Controlar hábitos alimenticios

Parece que todo el mundo occidental esta luchando una batalla contra la obesidad. Cada momento hay más personas a dieta, aunque los porcentajes de éxito de las dietas son increíblemente bajos. Debemos comer para mantener la nutrición y la salud, pero la comida es tan abundante que la tentación de comer en exceso o ingerir alimentos inapropiados, está constantemente presente. La visualización creativa puede ser utilizada como ayuda para alcanzar y mantener su peso ideal.

En su visualización, pídale a su ángel guardián que se haga presente (vea el Capítulo Catorce). Pregúntele por qué usted come en exceso. La respuesta puede ser que está solo, aburrido o estresado. Tal vez come por bienestar, nutriéndose de algún modo al ingerir demasiado de los alimentos equivocados. Quizá come en exceso para castigarse. Las respuestas que reciba pueden no ser lo que espera. Haga otras preguntas que parezcan pertinentes. Tal vez ingresó a un gimnasio pero rara vez hace la sesión de ejercicios. Pregúntele a su ángel guardián por qué se resiste subconscientemente a hacer ejercicio. Es probable que le encanten ciertos tipos de comida. Su ángel le explicará por qué hace esto.

Una vez que tenga todas las respuestas que necesita, idee unas afirmaciones para ayudar a cambiar sus hábitos alimenticios. Visualice al menos una vez cada día el tamaño, forma y peso que desea. Cuando sea posible, haga sus visualizaciones justo antes de comer, y véase comiendo lentamente, disfrutando porciones más pequeñas que antes, pero sintiéndose completamente satisfecho después de cada comida. Tenga la seguridad de que logrará su objetivo.

El tiempo requerido depende de la cantidad de peso que desee perder. La paciencia es definitivamente necesaria, porque los métodos de pérdida de peso rápido nunca funcionan por mucho tiempo. Podemos perder unas libras en cuestión de semanas, pero debemos considerar al menos un año para pérdidas de peso importantes. Manténgase firme, use afirmaciones positivas y celebre todos sus éxitos en el proceso.

Su ángel de la guarda le ayudará a cambiar gradualmente su enfoque a la comida y al ejercicio. Tenga sesiones regulares con su ángel. Decida consumir sólo los suficientes alimentos nutritivos y de buena calidad para las necesidades de su cuerpo y luego deténgase. Establezca un programa de ejercicios que le guste, y continúe con sus visualizaciones diarias sabiendo que logrará su objetivo.

Estas afirmaciones son aconsejables: "amo mi cuerpo y disfruto cuidándolo" y "me gusta ingerir la cantidad correcta de comida buena y saludable".

Dejar de fumar

Hay tres factores involucrados en el fumar. Existe la adicción, por supuesto, la nicotina es sumamente adictiva, pero por fortuna, sale del cuerpo en 72 horas. Los factores psicológicos involucrados con el fumar son más importantes que la adicción. Puede darnos algo qué hacer con las manos, hacernos sentir más seguros o incluso brindarnos un método lento de acabar con nuestra vida. El factor más importante de todos es el hábito de fumar. Las personas a menudo prenden un cigarrillo cuando están hablando por teléfono, en el auto, o disfrutando una copa. Con frecuencia no son concientes de lo que están haciendo —de algún modo un cigarrillo encendido aparece en la mano—.

Todo fumador sabe que es una práctica sucia, costosa y potencialmente mortal. Desafortunadamente, debido a que es una mezcla compleja de adicción, razones psicológicas y hábito, a muchos fumadores se les dificulta dejarla. También pueden temerle a la etapa de suspensión, o la posibilidad de ganar peso.

Si quiere dejar de fumar, visualice su ángel guardián y pregunte las razones por las que fuma. Averigüe qué beneficios obtiene del hábito. Piense en ellos cuando finalice la visualización, y decida si es el momento apropiado para dejar la nicotina. Visualice otra vez el día siguiente, y mire su futuro libre de nicotina. Vea cómo reacciona su cuerpo frente a esta perspectiva.

Cuando haya hecho esto, fije una fecha para dejar el hábito, idealmente dos o tres días después. Esto le da tiempo para pensar en sus razones para hacerlo, también le da tiempo para crear afirmaciones positivas. Podría decir a sí mismo: "soy un no fumador sano", "elijo no fumar" o "estoy en control y soy un no fumador permanente".

El día que decida dejar de fumar, limpie todos los ceniceros en su casa y guárdelos. Visualícese como un no fumador sano, vibrante y permanente. Vea todas sus razones para dejar el hábito y felicítese por hacer algo sumamente valioso para usted y sus seres queridos. Imagínese en un día normal, y véase haciendo todas las cosas que usualmente hace, pero ahora como un no fumador. Felicítese por la decisión que ha tomado, siéntase orgulloso y positivo. Es un logro importante, y deberá sentirse orgulloso.

Repita la visualización al menos una vez al día durante diez días. Si desea un cigarrillo, haga una visualización de cinco o diez segundos para fortalecer el orgullo y el logro de lo que está haciendo. Ahora disfruta ser un no fumador permanente. Después de unos días, podrá cambiar la visualización a una de felicitarse por convertirse en un no fumador permanente.

Después de un mes, haga algo para premiarse. Ha logrado algo extraordinario y merece una celebración. Si en el futuro tiene el deseo de un cigarrillo, repita la visualización hasta que el deseo desaparezca.

Estas afirmaciones son sugeridas: "estoy orgulloso de ser un no fumador" y "mi deseo de buena salud es mucho más fuerte que mi deseo de un cigarrillo".

Curar el insomnio

El insomnio es un problema común, pero por lo general puede ser curado con ayuda de la visualización creativa. La excepción es si el problema es causado por una dependencia de drogas o alcohol. En tal caso, necesitará ayuda médica. El té, el café y las bebidas azucaradas también pueden afectar el sueño. Si tiene problemas para conciliar el sueño, debe dejar de consumir estos estimulantes lo más temprano posible en el día.

Algunas personas tienen el problema de preocuparse tan pronto como se acuestan. Si usted es propenso a inquietarse una vez que apaga la luz, dígase a sí mismo firmemente que dejará todas las preocupaciones para las once de la mañana siguiente, y que ahora no debe pensar en eso.

Una gran ventaja que tiene la visualización creativa para curar el insomnio es que el proceso involucra la relajación total. Cuando la mayoría de personas se acuesta en la noche, una vez que están relajadas, se quedan dormidas. Esto es lo que sucederá cuando usted se acueste y desarrolle una visualización para dormirse.

Una vez relajado, diríjase a su espacio secreto. Acomódese todo lo posible y mire alrededor. Si se encuentra en su espacio secreto, vea los objetos hermosos que tiene dentro de él. Podría escuchar música agradable y acostarse en una cama lujosa, sintiéndose cómodo, seguro y muy, muy cansado. Si está al aire libre, puede admirar el paisaje durante un rato, y luego acostarse y cerrar los ojos, disfrutando el calor placentero del día, y dejando que lo haga sentir cada vez más soñoliento.

Si esto no lo hace quedar dormido, piense en algo agradable que experimentó recientemente. Disfrute revivir la experiencia, y luego retorne a un momento agradable anterior. Siga haciendo esto hasta que se quede dormido.

Estas afirmaciones pueden ayudarlo: "me gusta relajarme y dormir en la cama" y "cuando voy a la cama, me relajo y quedo dormido rápidamente".

Tratar con emociones difíciles

Incluso las emociones positivas pueden ser difíciles de manejar, por consiguiente, no es sorprendente que muchas personas luchen una batalla constante con las emociones negativas tales como la ira, el temor y la culpa. Uno de mis parientes tiene un problema con la ira y pierde control con la más leve provocación. Esto molesta a todos los que lo rodean, y después él se siente mal por su arranque de ira. Afortunadamente, está mejorando, porque lo he animado a que tome diez respiraciones lentas y profundas antes de reaccionar. Luego sugiero que visualice el resultado que más desea de la situación. Los resultados son asombrosos cuando hace la pausa necesaria antes de reaccionar.

Aunque sea desconcertante, su capacidad para desahogar la ira de inmediato es más sana que el enfoque usado por muchas personas que reprimen sus sentimientos negativos. Hay muchas razones para esto. Tal vez carecen de confianza en sí mismos y encuentran difícil hacer valer sus derechos, o es probable hayan aprendido de sus padres a no manifestar sus emociones en público. El problema puede ser resuelto si estas personas visualizan situaciones pasadas en las que no expresaron sus emociones, y luego reviven las experiencias, viéndose manejando la situación de una manera tranquila, segura y positiva.

La mayoría de temores se deben a sentimientos de inseguridad y una falta básica de confianza en sí mismo. Todos ellos pueden ser superados con visualizaciones que nos muestran actuando de forma segura y positiva.

La culpa es una emoción particularmente perturbadora. En realidad, es una emoción buena, porque impide que hagamos cosas que sabemos que están mal. Sin embargo, muchas personas cargan sentimientos de culpa durante años, y esto los limita, pues no se sienten bien consigo mismas. Naturalmente, el mejor remedio es disculparse y rectificar el error. No obstante, esto no siempre es posible. Tenga en cuenta que todos cometemos errores. Visualice las escenas que causaron la culpa y exprese su dolor. Repita la escena, pero esta vez visualícela en una pantalla pequeña y exprese de nuevo sus remordimientos. Finalmente, visualice la escena otra vez en una pantalla aun más pequeña; exprese su pena, y diga que ha aprendido de la experiencia y procurará ser mejor en el futuro. Vea que la pantalla se hace cada vez más pequeña hasta desaparecer.

Con frecuencia, la culpa que se siente no debería existir. Por ejemplo, si hemos rechazado la petición de alguien, podríamos sentirnos culpables, incluso si nuestras razones para decir "no" fueron legítimas. Un conocido mío se sintió culpable por no detenerse y ayudar a las víctimas de un accidente de tránsito. Él no se detuvo porque dos de ellas estaban peleando. Sin embargo, usó su teléfono celular para pedir ayuda. Creo que él hizo todo lo necesario en esa situación, y no hubo razón para que se sintiera culpable.

Naturalmente, la emoción de la culpa todavía está presente, sin determinar si era o no merecida. El remedio es visualizar todo el incidente, y decir a sí mismo que hizo todo lo que pudo en ese momento. Haga una pausa y espere a que su cuerpo responda. Si siente una respuesta positiva, o ninguna respuesta, despídase del incidente y déjelo atrás. Si su cuerpo reacciona negativamente, repita la visualización una y otra vez hasta que su cuerpo indique que puede seguir adelante.

Puede incluir las siguientes afirmaciones: "me gusta estar en control de mis emociones" y "soy una persona positiva y no tengo tiempo para emociones o pensamientos negativos".

Eliminar recuerdos dolorosos

Sería difícil pasar por la vida sin ser heridos por otros. A veces los demás nos hacen daño intencionalmente, pero con frecuencia empeoramos las cosas en nuestra cabeza. El dolor que crean estas heridas puede ser eliminado usando la visualización creativa.

Relájese, y luego diríjase a su espacio secreto. Visualícese relajándose en este lugar especial. En su imaginación, alguien toca a la puerta, la abre y hace seguir a su invitada quien es una enfermera. Ella es una enfermera especial que elimina pensamientos, sentimientos y recuerdos dolorosos.

Usted se sienta de nuevo y permite que la enfermera le tome el pulso. Ella se para frente a usted y pone ambas manos sobre sus hombros, sus manos son cálidas, y puede sentir calor suave y agradable extendiéndose en todo su cuerpo. Al mismo tiempo, se siente como si ella estuviera sacando todos los recuerdos dolorosos de su cuerpo. Experimenta una sensación de liberación y alegría que no ha tenido en mucho tiempo. Cuando ha sacado todo el dolor de su cuerpo, ella sonríe, frota las manos rápidamente, y le pide que la llame cada vez que necesite su ayuda. Ella sale de ese lugar mientras que usted se relaja todo el tiempo que quiere. Cuando se sienta listo, regrese a la vida cotidiana. Descubrirá que sus recuerdos dolorosos han desaparecido, y se sentirá lleno de felicidad y alegría.

Repita esta visualización las veces que sea necesario hasta que el dolor haya desaparecido por completo.

Puede incluir estas afirmaciones: "dejo atrás el pasado" y "me gusta tener pensamientos positivos y productivos".

Mejorar nuestras relaciones personales

La visualización creativa puede aumentar el placer y la felicidad en una relación personal. Naturalmente, debe mantener vivo el amor y la magia de todas las formas posibles. También debe trabajar en construir una vida exitosa juntos, manteniendo su identidad personal. Tenga en cuenta que ni usted ni su pareja son perfectos, y que ambos cometerán errores. Sin embargo, con amor mutuo, la relación puede crecer durante toda una vida.

En sus sesiones de visualización, véase junto a su pareja disfrutando momentos felices y divertidos. Si están pasando un período difícil en la relación, visualice un resultado exitoso. Visualice a los dos comunicándose eficaz y abiertamente, sin importar lo que esté ocurriendo en sus vidas.

Se sugieren las siguientes afirmaciones: "Comprendo y respeto a (nombre de la pareja) a todo momento", "me gusta compartir mi vida con (nombre de la pareja)" y "sigo descubriendo más formas de disfrutar mi relación con (nombre de la pareja)".

Manejar el tiempo

La mayoría de personas se queja de la falta de tiempo, sin embargo, todos tenemos el mismo tiempo cada día. Algunos logran mucho más en sus 24 horas que otros, pero es posible mejorar el manejo del tiempo con la visualización creativa. Si se encuentra saturado de trabajo, debería pensar en delegar parte de él, o aprender habilidades de manejo del tiempo. El consejo más útil que he recibido sobre este tema fue hacer una lista de todas las cosas que debían ser hechas, y luego numerarlas en orden de importancia. Tenía que terminar la tarea más importante antes de seguir adelante con lo segundo en la lista, y gradualmente seguir hasta lo último. Incluso si no completaba todo lo de la lista, las tareas importantes eran hechas. Las cosas restantes serían puestas en una nueva lista para el día siguiente.

Otro problema es la tardanza o posponer obligaciones. Si usted suele aplazar las tareas indeseables indefinidamente, tarde o temprano tendrá problemas. Lea la sección de motivación para ver sugerencias sobre cómo eliminar esta dificultad.

En sus sesiones de visualización creativa, véase haciendo todo lo que debe hacer, sin estrés ni preocupación. Visualícese completando primero las tareas más importantes, y teniendo descansos para relajarse. Véase cumpliendo todas sus tareas siendo eficiente y bien organizado.

Estas afirmaciones pueden ayudarlo: "hago un uso excelente de mi tiempo" y "cada día logro lo que me propongo hacer".

Mejorar la memoria

Aunque suene extraño, usted tiene una memoria perfecta. Todo lo que ha experimentado está almacenado en su cerebro. El único problema de recordar es a veces difícil. Afortunadamente, esto puede ser mejorado con la visualización creativa.

Cada vez que se encuentre luchando por recordar un hecho o el nombre de alguien, relájese y visualice la información llegando a usted. Podría ver su cerebro como una gran computadora. Cuando le pide información, la impresora empieza a funcionar de inmediato y la información le es entregada. Podría imaginarse sentado en frente de una computadora, escribiendo una pregunta, esperando un par de segundos, hasta que la respuesta aparezca en la pantalla. Yo prefiero visualizar una hoja de papel saliendo de mi mente y flotando en frente de mí, con toda la información que requiero impresa en ella.

Lo importante es no dejarse llevar por el pánico, especialmente si está en un examen o prueba de algún tipo. Permanezca relajado y pida la información que necesita. Si está en su mente, le llegará.

Sugiero las siguientes afirmaciones: "recuerdo nombres y rostros claramente" y "recuerdo todo lo que es importante para mí".

Eliminar temores

Los temores y fobias responden particularmente bien a la visualización creativa. Esto se debe a que podemos visualizar lo que está causando el problema de manera segura e incluso objetiva. Por ejemplo, si usted le tiene fobia a las arañas, podría visualizarse mirando una araña pequeña a varias yardas. Observe la respuesta de su cuerpo a esa imagen y haga que la araña se aleje, o se acerque un poco, dependiendo de la reacción de su cuerpo. Después de un tiempo, podrá permitir que la araña se acerque cada vez más, hasta que finalmente se pare sobre su mano, sin causar respuesta física en su cuerpo.

Suponga que le teme a las alturas. Podría empezar visualizándose fuera de un edificio alto. Entre, suba un tramo de escaleras y mire por la ventana. Observe la reacción de su cuerpo mientras mira hacia el suelo. Si su cuerpo se siente tranquilo y relajado, suba otro tramo de escaleras y mire abajo de nuevo. Siga haciendo esto hasta que llegue al último piso del edificio o su cuerpo le dé una respuesta negativa en cualquier nivel. Si responde negativamente, aléjese de la ventana y tome unas respiraciones profundas, diciendo a sí mismo, "estoy tranquilo y relajado". Regrese a la ventana y mire abajo otra vez. Continúe haciendo esto hasta que su cuerpo deje de reaccionar. Luego suba otro tramo de escaleras y mire abajo de nuevo.

Visualizar las preocupaciones de este modo suaviza y elimina gradualmente su efectividad hasta que dejan de ser un problema.

Practique estas afirmaciones: "estoy libre de preocupaciones pasadas" y "tengo fe en mi capacidad para controlar mis pensamientos y acciones".

Aumentar la autoestima

La baja autoestima aflige a millones de personas y les impide lograr todo lo que podrían realizar. Quienes tienen niveles sanos de autoestima se sienten bien consigo mismos, y como resultado es más probable que alcancen el éxito comparado con las personas de baja autoestima. Hay un fuerte vínculo entre la buena autoestima, la felicidad y el éxito.

¿De dónde proviene la buena autoestima? Es una combinación de sentirse bien consigo mismo y reflejar al mundo esas creencias. Viene de nuestro interior, y no depende de las opiniones externas, es la forma de actuar necesaria para inculcar sentimientos de alegría, felicidad y seguridad personal. Con buena autoestima, podemos hacer frente a contratiempos y fracasos temporales, porque sabemos que sólo son transitorios y que el éxito está a la vuelta de la esquina. Henry Ford dijo: "El fracaso es la oportunidad de empezar de nuevo más inteligentemente".

Por fortuna, la visualización creativa es una forma efectiva de ganar más autoestima. En sus visualizaciones, véase digno de lo mejor que la vida ofrece. Quiérase, ámese, respétese y acéptese. Véase seguro de sí mismo, relajado y completamente en control en todo tipo de situación. Empiece imaginando escenas del pasado en las que brilló. Tal vez fue felicitado u honrado de algún modo. Una vez que haga esto, visualícese hablando con alguien que admira mucho. Escuche mientras esta persona le dice lo que más admira de usted. Podría verse recibiendo una gran ovación en frente de una multitud de gente. Todos lo admiran, respetan y quieren. Cuando haya visualizado algunas escenas positivas, escoja deliberadamente situaciones que habría encontrado difíciles en el pasado. Sin embargo, en su visualización, véase manejándolas exactamente como desearía.

Véase usando lenguaje corporal positivo, emanando confianza y alegría. Puede ser útil que imagine un día entero en su visualización, haciendo todas las cosas que normalmente hace, pero de la forma que quiere que se realicen de ahora en adelante. Por ejemplo, véase manteniendo contacto visual con otras personas, véase sonriendo más que nunca porque es verdaderamente feliz y disfruta su nueva vida.

Acompañe esto con afirmaciones positivas que refuercen el hecho de que usted está bien siendo exactamente como es. Podría decir: "quiero a la gente, y la gente me quiere. Soy extrovertido y seguro de mí mismo" o "elijo ser todo lo que puedo ser".

Amarnos a nosotros mismos

Todos debemos amarnos y cuidarnos a nosotros mismos. En realidad, debemos hacer esto constantemente. Sin embargo, muchas personas se odian y desprecian a sí mismas. Es difícil lograr algo cuando uno mismo se considera un enemigo en lugar de un amigo. Desarrolle afirmaciones positivas para usar cada vez que se encuentre teniendo pensamientos negativos. Podría repetir algo como: "Me amo a mí mismo incondicionalmente".

En sus sesiones de visualización, dígase a sí mismo cuánto se ama y aprecia. Sea especialmente consciente de las reacciones que hace su cuerpo por estas afirmaciones positivas. Después puede crear afirmaciones para neutralizar cualquier negatividad revelada por su cuerpo.

Sonría cada vez que se vea en un espejo, y exprese su amor por sí mismo, en silencio si es necesario. Alimente su alma dándose pequeños placeres regularmente. Cuando haga algo bueno o valioso, felicítese silenciosamente y reconozca que es una persona amable y digna.

Estas afirmaciones son recomendadas: "me amo a mí mismo" y "tengo muchos talentos y habilidades que me ayudan a ser la persona maravillosa que soy". No hay necesidad de ser modesto al componer afirmaciones de este tipo.

Motívese a sí mismo

Nada sucede sin motivación. La motivación es generada automáticamente cuando estamos emocionados por algo y no podemos esperar a empezar. Sin embargo, la motivación puede a veces disminuir o incluso desaparecer cuando se ha ido la emoción inicial. Es posible usar la visualización creativa para restaurar nuestra motivación cuando sea necesario. Relájese, y luego visualice el logro exitoso de su objetivo. Sienta el placer y la satisfacción que tendrá cuando la tarea haya sido completada. Regrese al momento en que inició el proyecto, sienta la emoción y motivación que tuvo entonces. Una vez que haya visualizado la terminación y el comienzo del proyecto, retorne al momento actual y permita que todo el entusiasmo, energía y motivación que ha absorbido llegue hasta el presente. Abrirá los ojos después de la visualización sintiéndose motivado una vez más. Repita esto las veces que sea necesario.

A veces tenemos que motivarnos para trabajar en un proyecto que no nos interesa. En este caso, visualice algunos de sus éxitos anteriores. No importa en qué área de su vida ocurrieron. Permita que los sentimientos de alegría y satisfacción del logro llenen cada célula de su cuerpo. Cuando haya hecho eso, piense en el proyecto al que se está dedicando actualmente, y experimente esos mismos sentimientos mientras lo observa. Cuando se sienta listo, abra los ojos y empiece el proyecto. Tal vez deba repetir esta visualización varias veces, pero le dará la motivación necesaria para completar la tarea.

Se sugieren estas afirmaciones: "me gusta lograr mis objetivos" y "soy exitoso y estoy en el camino de logros aun mayores".

Solucionar problemas

Todos tenemos problemas de vez en cuando. La visualización creativa permite poner los problemas en perspectiva, y resolverlos tranquilamente y sin estrés o inquietud excesiva.

La próxima vez que tenga un problema de algún tipo, siéntese y relájese de la manera usual. Piense en una o dos actividades agradables que haya disfrutado recientemente. Cuando se sienta listo, piense en el problema que le preocupa, visualice una escena en que está ocurriendo, y véala revelarse de manera objetiva como si estuviera observando sucediéndole a alguien más en una pantalla de televisión. Cuando haya visto toda la escena, regrese al principio y véala de nuevo. Sin embargo, esta vez el problema ha sido resuelto y está mirando la escena en una pantalla de cine gigante. Observe las diferencias entre las dos escenas, y vea lo que debe hacerse para corregir el problema. Si hay otras personas involucradas, tal vez deba mirar esta escena de nuevo desde sus puntos de vista.

Hasta ahora, esta no ha sido una visualización creativa normal, porque deliberadamente hemos omitido toda emoción. Cuando crea que sabe todo lo necesario para resolver la dificultad, vea la escena de nuevo en una pantalla grande, pero esta vez adicione color, energía y emoción. Visualícese superando el problema sin tensión o estrés.

Cuando se sienta listo, abra los ojos y continúe con su día, listo y preparado para hacer su parte a fin de solucionar el problema de una forma que beneficie a todos. Tal vez necesite repetir este ejercicio varias veces antes de que experimente la visualización final sin emociones negativas.

Estas afirmaciones pueden ayudarlo: "confío en mi juicio y tengo una fe total en mí mismo" y "tomo buenas decisiones después de pensarlas y estudiarlas bien".

Restaurar nuestra alma

Uno de mis poetas preferidos es William Butler Yeats. En su poema Sailing to Byzantium, él escribió:

Un anciano es todo menos algo insignificante,
un abrigo andrajoso sobre un bastón, a menos que
el alma aplauda y cante, y cante más fuerte
por cada andrajo en su traje mortal.

198

La línea "un abrigo andrajoso sobre un bastón" es trágica hasta que leemos la siguiente línea y vemos que el alma aplaude y canta. Esto es lo que debemos hacer en cada oportunidad, deje que su alma aplauda y cante. También es importante animar a las almas de otras personas a que canten.

Las visualizaciones creativas alimentan nuestra alma automáticamente. Cada vez que mermamos el ritmo, hacemos una pausa y nos relajamos, estamos alimentando nuestra alma eterna. También podemos hacer visualizaciones destinadas a restaurar el alma.

Relájese de la manera usual, y luego aquiete su mente lo más posible. Enfóquese en su respiración, y perciba la fuerza vital que hay en cada célula de su cuerpo. Exprese su amor por sí mismo. Dese cuenta de que es perfecto exactamente como es, y que está aquí para cumplir con un propósito universal. Agradezca a su alma por permitirle experimentar esta vida. Visualícese pasando tiempo con parientes y amigos y viendo sus almas eternas. Observe la belleza interior que poseen todas las personas que conoce. Envíe pensamientos de amor y gratitud a su alma.

Disfrute este tiempo especial todo el tiempo que pueda. Cuando se sienta listo, tome tres respiraciones profundas, abra los ojos, estírese y luego continúe con su día. Observará un cambio inmediato en sus niveles de energía después de esta visualización. También, por un tiempo, será consciente de la verdad en el dicho de que somos seres espirituales teniendo una experiencia física. Desafortunadamente, las presiones de la vida cotidiana tienden a hacer que estos sentimientos duren poco. Por consiguiente, deberá alimentar su alma de esta forma las veces que pueda.

Ponga en práctica estas afirmaciones: "soy una parte valiosa e integral de la fuerza vital universal" y "estoy cumpliendo mi destino cósmico".

Visualizar nuestra vida ideal

Este es un ejercicio muy divertido. Todo lo que debe hacer es relajarse y pensar en momentos felices de su pasado. Revívalos con la mayor claridad posible, sienta las emociones que sintió, y lo alegre que estuvo. Siga reviviendo momentos felices de su pasado todo el tiempo que quiera. Cuando se sienta listo, proyéctese en el futuro y visualice su vida como será dentro de cinco años. Naturalmente, los sucesos mundiales podrían cambiar la imagen que forma, pero esto no importa. La imagen que forme en su mente le dará una gran idea de cómo podría ser su vida. Piense en la casa donde vivirá. Incluso podría vivir en otra ciudad, estado o país. Visualícese pasando un día entero, desde que se despierta en la mañana hasta que regresa a la cama en la noche. Observe todo lo que es diferente de la vida que tiene ahora.

Una vez que lo haya hecho, pregúntese a sí mismo si así es exactamente como quiere que sea su vida dentro de cinco años. Si no lo es, pase de nuevo un día entero, esta vez teniendo la vida que quiere. Siéntase libre de cambiar lo que no le haya gustado antes.

Después de revivir este día perfecto, piense en los éxitos y logros que ha tenido durante los cinco años anteriores. (Naturalmente, aunque los está viendo atrás en su visualización, en realidad los cinco años pertenecen al futuro). Véase reconocido y honrado por sus logros y contribuciones.

Disfrute esta visualización creativa todo el tiempo posible. Disfrute particularmente los sentimientos de orgullo, éxito y felicidad que experimenta mientras mira sus logros durante este período de cinco años.

Cuando se sienta listo, regrese al presente y abra los ojos. Piense en la visualización y pregúntese si está en el camino correcto para alcanzar este futuro glorioso. Piense en los cambios que deberá hacer en su vida para lograrlo. ¿Está preparado para pagar el precio de este futuro? Si no es así, haga la visualización de nuevo creando un futuro más modesto para usted. Vea si se siente tan satisfactorio como el primero; es probable que no. Recuerde que puede lograr lo que fije en su mente. ¿Cómo podría disfrutar un futuro perfecto si convino en aceptar menos que lo que le indican sus deseos más profundos?

Piense en la vida perfecta que visualizó. No tiene que aparecer todo a la vez, divídalo en pasos pequeños. Visualícese alcanzando uno por uno, y hágalo realidad.

Afirmaciones sugeridas: "hoy es un día fabuloso para mí" y "estoy feliz, sano, soy exitoso y tengo el control de mi vida".

CAPÍTULO DIECISÉIS

CUANDO NO FUNCIONA

"Como piensa en su corazón, así es él".

—PROVERBIOS 23:7

En un mundo perfecto todo saldría de acuerdo a lo planeado, y no habría demoras ni frustraciones. El mundo sería muy aburrido si todo saliera así, pero puede ser sumamente frustrante invertir tiempo y esfuerzo en algo y no tener los resultados esperados.

Hay varios factores que impiden que cosechemos los frutos de la visualización creativa.

Las sesiones de visualización deben ser algo que esperamos con ilusión; deben ser fáciles y agradables. Una vez que usted se acostumbre al proceso, debería relajarse rápida y fácilmente. Si encuentra difícil relajarse, o está preocupado por otras cosas, es mejor que suspenda la sesión y la haga cuando se sienta menos tensionado.

Las visualizaciones deben ser desarrolladas de manera alegre. Esto elimina cualquier posibilidad de pensamientos negativos que interfieran con la visualización. Esto también permite relajarnos más fácilmente. No intente forzar un resultado; diviértase con sus visualizaciones.

¿Sabe exactamente lo que quiere? Muchas personas saben lo que no quieren, pero no tienen una idea clara de lo que desean. Para la visualización exitosa es esencial que sepa exactamente lo que quiere, y que se concentre en ese deseo particular hasta que se haga realidad. Si continuamente cambia de parecer respecto a lo que desea, tendrá dificultad para manifestar algo.

También debe visualizar lo que quiere pero sin preocuparse de cómo ocurre. Tendrá dificultad si insiste en que se manifieste en cierta forma o a través de una serie específica de acciones.

Si su visualización no tiene relación con nada que haya pensado en el pasado, es probable que su mente resista cada esfuerzo que usted haga. Después de todo, es feliz como es ahora, y no desea cambiar nada. Por consiguiente, puede seguir revolcándose en pensamientos negativos y olvidar pensar positivamente o repetir sus afirmaciones. En este ejemplo, el éxito sería imposible hasta que entrenara su mente a aceptar las nuevas formas de pensamiento.

Otra posibilidad es que en un nivel subconsciente no crea que pueda lograr el objetivo que está visualizando. Esto podría relacionarse con problemas de autoestima o una falta de fe en sus capacidades. El remedio es usar afirmaciones además de las visualizaciones.

Si está visualizando salud, amor y prosperidad mientras estas cosas están ausentes en su vida, podría sentirse culpable incluso de pensar en la posibilidad. Esta negatividad también impedirá que logre su objetivo.

Otra posibilidad es que aunque le gustaría tener lo que está visualizando, no está apasionado al respecto. Es improbable que alcance su meta a menos que se sienta emocionado de lograrla.

Su deseo tiene que volverse real en su mente; no se manifestará hasta que pueda sentir, tocar, probar, oler y saborear su deseo todo el tiempo. Su deseo debe estar constantemente en su mente, no siempre en un nivel consciente, magnetizando al universo y atrayendo a usted lo que sea.

Debe ser resuelto. Muchas personas son indiferentes en sus visualizaciones. No puede esperar que sucedan grandes cosas si pasa cinco o diez minutos al día visualizando algo, y luego lo olvida hasta que sea el momento de hacer sus visualizaciones de nuevo el día siguiente.

También debe ayudar al universo a manifestar sus metas. La mayoría de objetivos requiere trabajo duro y esfuerzo además de la visualización. Puede visualizar cuatro horas al día, pero si no mueve un dedo para ayudar a que se haga realidad, es probable que su deseo siga siendo sólo un sueño.

Investigadores en Emory University en Atlanta, Georgia, realizaron un interesante experimento que demuestra los beneficios de trabajar por un objetivo. Formaron dos grupos de voluntarios. El primer grupo jugó un juego sencillo de computadora, y fueron premiados económicamente cada vez que tenían éxito. El segundo grupo fue recompensado sin tener que hacer algo para ganarlo. Los investigadores midieron la actividad en la parte del cerebro responsable del procesamiento de la recompensa y el placer, y descubrieron que los voluntarios que se ganaban sus premios recibían más estimulación en el cerebro. Greg Berns, profesor adjunto de psiquiatría y ciencia del comportamiento de la universidad, dijo, "cuando hacemos algo por una recompensa, es claramente más importante para el cerebro; los sujetos estuvieron más despiertos cuando tenían que hacer algo para conseguir el dinero, en comparación a cuando recibieron el dinero pasivamente".[1]

También necesita persistencia. Una razón importante para el fracaso en la visualización creativa es la pérdida de interés. Si desea firmemente el resultado que está visualizando, debe seguir con sus visualizaciones, sin importar cuánto tiempo tome. Todos queremos éxitos inmediatos. Sin embargo, esto no ocurre todo el tiempo, o ni siquiera muchas veces. Debe continuar trabajando en ello hasta que se haga realidad. Naturalmente, si se rinde, el resultado deseado no se presentará. Como sabemos, la mente puede hacernos trampas. A veces la mente subconsciente trabaja en cambios importantes, mientras la consciente nos dice que estamos perdiendo el tiempo.

Puede haber fijado un tiempo para su visualización, y haberse decepcionado porque no se manifestó dentro de ese período. El mundo espiritual vive en el eterno ahora y no reconoce el tiempo. Tenga la seguridad de que si visualiza continuamente su deseo, se manifestará cuando esté listo.

Otro problema ocurre frecuentemente. Debe mantener en reserva sus visualizaciones. Si las comenta a otras personas serán menos efectivas; su ego y las opiniones de otros entran en la ecuación y las debilitan. Hable del proceso de visualización, pero mantenga en secreto los deseos particulares que está manifestando.

Cualquiera sea el problema, no deje de visualizar; podría estar más cerca del éxito de lo que cree. Todas las visualizaciones creativas toman tiempo para manifestarse en su vida, y debe esperar lo necesario para que esto suceda. Hasta visualizar un espacio de estacionamiento o una pequeña fila en el banco toma cierto tiempo. Visualizar un carro nuevo o una casa obviamente tomará mucho más tiempo. Sea paciente, sin importar lo que esté visualizando.

Podría encontrar útil visualizar su objetivo más a menudo. Muchas personas visualizan de manera poco entusiasta. Si visualiza una o dos veces y luego se da por vencido, es improbable que logre sus objetivos. Sin embargo, si visualiza un resultado exitoso dos veces por día, y también piensa en su deseo cada vez que tiene un momento libre, el éxito llegará inevitablemente. Incluso cuando no esté visualizando, piense en sus metas lo más a menudo posible. Disfrute soñar despierto en los cambios beneficiosos que se presentarán en su vida. Contrario a lo que cree la mayoría de personas, soñar despierto no es una pérdida de tiempo, especialmente si se dirige a un objetivo. Entre más sueñe en ello, mayor será el deseo; empezará a esperar con ilusión el logro con un sentido de emoción y anticipación.

Podría encontrar útil agregar más emoción a sus visualizaciones. La emoción vence a la lógica todas las veces. Tal vez desee algo lógicamente, pero es improbable que se haga realidad si no adiciona una buena dosis de emoción. Los pensamientos sin emoción pasan rápidamente por nuestra mente todo el tiempo; no poseen poder o energía. Es esencial que incluya toda la emoción posible en sus visualizaciones.

Una de mis estudiantes encontraba difícil agregar emoción a sus metas. Creía que sus emociones eran las que la defraudaban, y por consiguiente vivía mejor experimentándolas lo menos posible. Yo pensaba que esta era una forma muy extraña de llevar la vida, pero ella había sufrido mucho, y era su manera de manejar potenciales dificultades. Sugerí que, después de la etapa de relajación, soñara despierta en su objetivo. También debía pensar en otros momentos felices y positivos en su vida, tratando de recordar todo lo que experimentó en ellos. Sólo después de hacer esto, y revivir los sentimientos y emociones que brindaron estas experiencias positivas, seguiría con su visualización.

El aburrimiento es el último obstáculo en el camino del éxito. Este es un problema sorprendente, pues nuestros deseos deben ser tan emocionantes y motivantes, que el aburrimiento sería lo último en nuestra mente. Sin embargo, puede suceder. El remedio para esto es hacer las visualizaciones tan vivas y estimulantes, que el aburrimiento desaparece totalmente. Podríamos cambiar las imágenes en las que pensamos en favor de la variedad. Definitivamente debemos agregar más emoción y sentimiento a la visualización. También hay que cuestionar si en realidad deseamos lo que estamos visualizando.

Usted debe actuar como si ya tuviera lo que está visualizando. Si visualiza salud, por ejemplo, viva cada día como si ya gozara de salud perfecta. Si es vendedor y está visualizando ser gerente de ventas, actúe como si ya tuviera el trabajo. Como resultado, se comportará de manera distinta, y así ayudará a lograr su objetivo. Si está visualizando riqueza, empiece de inmediato a sentir abundancia y busque oportunidades para progresar económicamente. También sea más generoso. Por extraño que parezca, una mayor generosidad le ayudará a lograr su objetivo más rápidamente.

Ejercicio de acción

Visualizar no siempre es suficiente. Tarde o temprano debemos actuar. Esta necesidad paraliza a algunas personas en la inacción. El temor, duda y preocupación son creados cuando nos enfocamos en lo que no queremos en lugar de

lo que en realidad deseamos. Afortunadamente, es sencillo determinar cuándo actuar. Todo lo que necesitamos es
pensar tranquilamente en nuestro objetivo y observar qué
respuestas se generan en la mente y el cuerpo. Si su pensamiento crea temor, ansiedad u otra reacción negativa, no
es el momento adecuado para actuar. Examine sus pensamientos y sentimientos para determinar qué hay detrás de
estas respuestas negativas. Tal vez deba trabajar en estos
problemas antes de continuar. Repita este experimento regularmente. Debe actuar sólo cuando reciba una respuesta
positiva de su mente y cuerpo. En este momento, sus acciones fluirán fácilmente y progresará rápidamente.

CAPÍTULO DIECISIETE

DEPENDE DE USTED

*"Pocos momentos son más agradables que aquellos en que la mente
está concertando medidas para una nueva empresa".*

—Samuel Johnson

He oído muchas historias asombrosas sobre personas que
han visualizado algo y luego se manifestó en sus vidas.

Una fue la de un hombre con quien trabajé hace muchos años. Él trabajaba como vendedor para una compañía
de maquinaria de impresión. Era un experto para resolver
problemas que le ocurrían a las máquinas de encuadernación y plegadoras usadas en el campo de la impresión.
Su sueño era tener una empresa de este tipo. Sin embargo,

parecía imposible. Tenía una familia joven, una hipoteca, y no poseía habilidades comerciales. No obstante, empezó a visualizarse dirigiendo su propia empresa. Visualizaba el local exacto que deseaba, las máquinas específicas que quería tener, y varios clientes regulares y cumplidos con los pagos. Dieciocho meses después de empezar a visualizar este sueño, uno de sus clientes le preguntó si estaría interesado en comprar su empresa. Mi amigo no tuvo que poner dinero en el negocio, y pudo pagar su parte durante un tiempo en el que brindó su trabajo y pericia. Su visualización dio resultado.

Joanna, una estudiante mía, era una madre de 35 años que criaba sola a sus dos hijos. Siempre había tenido un ligero sobrepeso, pero cuando su matrimonio terminó, empezó a comer en exceso, y en dos años ganó 75 libras. Después de ensayar numerosas dietas sin éxito, Joanna comenzó a visualizarse con el peso que quería. Le tomó doce meses, pero ahora se ve bien y se siente mejor que nunca; también se siente más atractiva y ha empezado a tener citas de nuevo.

Un hombre joven que trabaja en una empresa editorial soñaba con ganarse la vida como escritor. Su sueño se hizo realidad sólo después que comenzó a visualizarse como escritor de tiempo completo. Yo era ese hombre joven.

Carol Burnett, la famosa actriz, es un excelente ejemplo del poder de la visualización. Tuvo una infancia marcada por la pobreza, y fue criada por su abuela. Carol tenía un sueño imposible; quería ir a UCLA, y en el fondo sabía que estaría ahí. "Nunca pensé en la posibilidad de no ir", recordó. "Me imaginaba recibiendo las clases, estando en el campus, aprendiendo todo lo que quería saber. Todos los días pensaba en ello. Aunque no parecía que pudiera lograrlo, sabía que lo haría". Un día, en su último año de secundaria, fue al buzón y encontró un sobre dirigido a ella. En él estaba la cantidad exacta de dinero necesario para pagar la matrícula de su primer año. Carol dijo, "hasta el sol de hoy no sé quién lo envió".[1]

Naturalmente, es improbable que un benefactor anónimo nos envíe dinero a través del correo. Sin embargo, podemos esperar que sucedan cosas increíbles. Una vez que usted empiece a visualizar regularmente lo que quiere, el universo comenzará a trabajar a su favor, y se asombrará de las oportunidades que tendrá.

Sus sueños pueden hacerse realidad. Visualícese ya en posesión de su objetivo. Mantenga esa imagen constantemente en su mente mientras trabaja por hacerla realidad.

Si no tiene el control de su destino, tome el control ahora y use las técnicas de este libro como ayuda para alcanzar su potencial. Las personas más felices del mundo son las que saben lo que quieren y trabajan firmemente por sus objetivos.

El éxito no es una casualidad. La visualización creativa le permitirá transformar su vida y hacer realidad sus sueños.

LECTURAS SUGERIDAS

Achterberg, Jeanne. *Imagery in Healing: Shamanism and Modern Medicine*. Boston: Shambala Publications, Inc., 1985.

Arnheim, Rudolf. *Visual Thinking*. Berkeley: University of California Press, 1972.

Assagioli, Roberto. *Psychosynthesis*. New York: Hobbs, Dorman and Co., Inc., 1965.

Bacci, Ingrid. *The Art of Effortless Living*. New York: Vision Works, 2000.

Backley, Steve, con Ian Stafford. *The Winning Mind: A Guide to Achieving Success and Overcoming Failure*. London: Aurum Press Limited, 1996.

Behrend, Genevieve. *Your Invisible Power*. Marina del Rey: DeVorss and Company, 1951.

Bry, Adelaide. *Visualization: Directing the Movies of Your Mind*. New York: Barnes and Noble, Inc., 1978.

Capacchione, Lucia. *Visioning: Ten Steps to Designing the Life of Your Dreams*. New York: Jeremy P. Tarcher/Putnam, 2000.

Cornell, Ann Weiser. *The Power of Focusing: A Practical Guide to Emotional Self-Healing*. New York: MJF Books, 1996.

Coué, Emil. *Self-Mastery Through Conscious AutoSuggestion*. London: Allen and Unwin Limited, 1922.

Denning, Melita y Osborne Phillips. *Creative Visualization for the Fulfillment of Your Desires*. St. Paul: Llewellyn Publications, 1980.

Dyer, Wayne. *Manifest Your Destiny: The Nine Spiritual Principles for Getting Everything You Want*. New York: HarperCollins, 1997.

Fanning, Patrick. *Visualization for Change*. Oakland, CA: New Harbinger Publications, Inc., 1988.

Fries, Jan. *Visual Magick*. Oxford, UK: Mandrake of Oxford, 1992.

Gallwey, W. Timothy. *The Inner Game of Tennis*. New York: Random House, Inc., 1974.

Gallwey, W. Timothy. *The Inner Game of Golf.* New York: Random House, Inc., 1981.

Garfield, P. *Creative Dreaming.* New York: Simon and Schuster, Inc., 1975.

Gawain, Shakti. *Creative Visualization.* San Rafael, CA: New World Library, 1978.

Gendlin, Eugene T. *Focusing.* New York: Everest House, 1978.

Gladwell, Malcolm. *Blink: The Power of Thinking Without Thinking.* New York: Little, Brown and Company, 2005.

Glouberman, Dina. *Life Choices and Life Changes Through Imagework: The Art of Developing Personal Vision.* London: Unwin Hyman Ltd., 1989.

Heads, Ian, y Geoff Armstrong (editores). *Winning Attitudes: Sport's Messages for Achievements in Life.* South Yarra, Australia: Hardie Grant Books, 2000.

Holmes, Paul. *The Inner World Outside: Object Relations Theory and Psychodrama.* London: Routledge, 1992.

Kehoe, John. *Mind Power Into the 21st Century.* West Vancouver, Canada: Zoetic Inc., 1996.

Maltz, Maxwell. *The Magic Power of Self-Image Psychology.* Englewood Cliffs, NJ: Prentice-Hall, Inc., 1964.

Maltz, Maxwell. *Psycho-Cybernetics.* New York: Pocket Books, 1966.

Markham, Ursula. *Life Scripts: How to Talk to Yourself for Positive Results*. Shaftesbury, UK: Element Books Limited, 1993.

Martens, Rainer. *Coaches Guide to Sport Psychology*. Champaign, IL: Human Kinetics Publishers, Inc., 1987.

Masters, Robert, y Jean Houston. *Mind Games*. New York: Dell Books, Inc., 1972.

McKim, Robert. *Experiences in Visual Thinking*. Monterey, CA: Brooks Cole Publishing Co., 1972.

Millman, Dan. *The Warrior Athlete: Body, Mind and Spirit*. Walpole, NH: Stillpoint Publishing, 1979.

Myss, Caroline. *Why People Don't Heal and How They Can*. New York: Harmony Books, 1997.

Orlick, Terry. *In Pursuit of Excellence: How to Win in Sport and Life Through Mental Training*. Champaign, IL: Leisure Press, 1990.

Osborn, A. F. *Applied Imagination: Principles and Procedures of Creative Problem Solving*. New York: Charles Scribner's Sons, Inc., 1963.

Peale, Norman Vincent. *The Power of Positive Thinking*. Tadworth, UK: The World's Work (1913) Limited, 1953.

Porter, Kay, y Judy Foster. *The Mental Athlete*. New York: Ballantine Books, 1987.

Richardson, A. *Mental Imagery*. New York: Springer Publishing Co., 1969.

Robertson, Ian. *The Mind's Eye: An Essential Guide to Boosting Your Mental Power*. London: Bantam Press, 2002.

Rossman, Martin L. *Healing Yourself: A Step By Step Process for Better Health Through Imagery*. New York: Walker and Co., 1987.

Samuels, Mike, y Samuels, Nancy. *Seeing With the Mind's Eye: The History, Techniques and Uses of Visualization*. New York: Random House, Inc., 1975.

Segal, S. J. *The Adaptive Functions of Imagery*. New York: Academic Press, 1971.

Shinn, Florence Scovel. *The Game of Life and How to Play It*. London: L. N. Fowler and Company Limited, 1925.

Siegel, Bernie. *Peace, Love and Healing*. London: Rider and Company, 1990.

Simonton, O. C., S. Matthews-Simonton, and J. L. Creighton, *Getting Well Again*. New York: Bantam Books, 1980.

Tutko, Thomas, y Umberto Tosi. *Sports Psyching*. Los Angeles: Westwood Publishing, 1976.

Ventrella, Scott W. *The Power of Positive Thinking in Business*. New York: The Free Press, 2001.

Waitley, Denis. *The New Dynamics of Goal Setting: Flextactics for a Fast-Changing World*. New York: William Morrow and Company, Inc., 1996.

NOTAS

Introducción

1. Norman Vincent Peale, *The Power of Positive Thinking* (Tadworth, UK: The World's Work (1913) Limited, 1953), 225–229.

2. The Imagineers, *Walt Disney Imagineering: A Behind the Dreams Look at Making the Magic Real* (New York: Disney Enterprises, Inc., 1996).

Capítulo uno

1. Arnold Schwarzenegger, citado en *Mind Power Into the 21st Century*, de John Kehoe (West Vancouver, Canada: Zoetic Inc., 1996), 13–14.

2. Steven Starker, *Fantastic Thought: All About Dreams, Daydreams, Hallucinations, and Hypnosis* (Englewood Cliffs, NJ: Prentice-Hall, Inc., 1982), 21.

3. R. Holt, "Imagery: The Return of the Ostracized". Artículo en *American Psychologist* 19, 1964, 254–264.

4. Albert Einstein, citado en *The Mind's Eye: An Essential Guide to Bosting Your Mental Power,* de Ian Robertson (London, UK: Bantam Press, 2002), 90.

5. Earl Nightingale, *This is Earl Nightingale* (Garden City, NY: Doubleday and Company, 1969), 291.

6. Michael Mayell, citado en "Wisdom on the Wire" por Monique Devereux. Artículo en *Canvas, Weekend Herald*, Auckland, NZ, 17–18 Abril, 2004.

Capítulo dos

1. A. R. Luria, *The Mind of a Mnemonist: A Little Book About a Vast Memory* (New York: Basic Books, Inc., 1968), 84.

2. David Marks, "Imagery and Consciousness: A Theoretical Review from an Individual Perspective." Artículo en *Journal of Mental Imagery*, 2, 1977, 285–347.

3. R. M. Suinn (editor), *Psychology in Sports: Methods and Applications* (Minneapolis: Burgess International Group, 1980), 83. El profesor Suinn fue miembro del U. S. Olympic Committee, Sport Psychology Committee, y psicólogo de los equipos olímpicos norteamericanos de hombres y mujeres. También fue presidente de la American Psychological Association.

Capítulo tres

1. Robert J. Sternberg, James C. Kaufman, y Jean E. Pretz, *The Creativity Conundrum: A Propulsion Model of Kinds of Creative Contributions* (New York: Psychology Press, 2002), 188.

Capítulo cuatro

1. Denis Waitley y Reni L. Witt, *The Joy of Working* (New York, NY: Ballantine Books, Inc., 1986), 252.

Capítulo siete

1. Roberto Assagioli, *Psychosynthesis* (New York: The Viking Press, Inc., 1971. Originalmente publicado por Hobbs, Dorman and Co., Inc., 1965), 146–147.

Capítulo ocho

1. Hay muchos libros disponibles sobre las causas de las enfermedades psicosomáticas. El libro clásico sobre el tema es Psychosomatic Medicine, de Franz Alexander, MD (New York: W. W. Norton Company, 1950).

2. Florence Scovel Shinn, *The Game of Life and How to Play It* (London: L. N. Fowler and Company Limited, 1925), 51.

3. Scott W. Ventrella, *The Power of Positive Thinking in Business* (New York: The Free Press, 2001), 102.

4. Norman Vincent Peale, *The Power of Positive Thinking*, 9–10.

Capítulo once

1. Terry Orlick, *In Pursuit of Excellence: How to Win in Sport and Life Through Mental Training* (Champaign, IL: Leisure Press, 1990), 71.

2. Ian Robertson, *The Mind's Eye: An Essential Guide to Boosting Your Mental Power* (London, UK: Bantam Press, 2002), 196.

3. Jack Nicklaus, citado en *The Mental Edge: Unlocking the Secrets of Inner Selling*, de Harry Mills (Lower Hutt, NZ: Mills Publications, 1994), 101.

4. Jack Nicklaus, citado en *Coaches Guide to Sport Psychology, de* Rainer Martens (Champaign, IL: Human Kinetics Publishers, Inc., 1987), 77.

5. Arnold Haultain, *The Mystery of Golf* (Boston, MA: Houghton Mifflin Company, 1908).Otros libros que hablan del juego mental del golf incluyen *The Inner Game of Golf*, de W. Timothy Gallwey (New York: Random House, Inc., 1981), *Holographic Golf*, de Larry Miller (New York: HarperCollins, Inc., 1993), *Exploring the Zone*, de Larry Miller (Gretna, LA: Pelican Publishing Co., Inc., 2001), *Mental Management for Great Golf*, de Dr. Bee Epstein-Shepherd (New York: McGraw-Hill, Inc., 1996), y *Think Like Tiger*, de John Andrisani (New York: G. P. Putnam's Sons, 2002).

6. Mark McGwire, citado en *The Power of Positive Thinking in Business,* de Scott W. Ventrella (New York: The Free Press, 2001), 60.

7. Danni Roche, citado en *Winning Attitudes: Sport's Messages for Achievements in Life*, editado por Ian Heads y Geoff Armstrong (South Yarra, Australia: Hardie Grant Books en asociación con el Australian Olympic Committee, 2000), 113–114.

8. Herb Elliott, *Introduction to Winning Attitudes*, 11–12.

9. Brian Orser, citado en *In Pursuit of Excellence: How to Win in Sport and Life Through Mental Training*, de Terry Orlick (Champaign, IL: Leisure Press, 1990), 68.

10. Craig Karges, *Ignite Your Intuition* (Deerfield, FL: Health Communications, Inc., 1999), 66

11. C. Deschaumes et al, "Relationship Between Mental Imagery and Sporting Performance." Artículo en *Behavioural Brain Research 45*, 1991, 29–36.

12. Edmund Jacobson, *How to Relax and Have Your Baby* (New York: McGraw-Hill Book Co., Inc., 1965), 110. Edmund Jacobson también escribió *Progressive Relaxation* (Chicago: University of Chicago Press, 1938).

13. Alan Richardson, *Mental Imagery* (London: Routledge and Kegan Paul Limited, 1969).

Capítulo doce

1. Artículo en el *Wall Street Journal*, citado en *The Power of Positive Thinking in Business,* de Scott W. Ventrella (New York: The Free Press, 2001), 57.

2. Peter F. Drucker, citado en "Leadership in Living Organizations" por Peter Senge. Artículo en *Leading Beyond*

the Walls, editado por Marshall Goldsmith (New York: Jossey Bass, Inc., 1999), 76.

Capítulo trece

1. Mike Samuels y Nancy Samuels, *Seeing With the Mind's Eye: The History, Techniques and Uses of Visualization* (New York: Random House/Bookworks, 1975), 30.

2. Edmund Jacobson, *Progressive Relaxation* (Chicago, IL: University of Chicago Press, 1929).

3. M. Cutler, *The Nature of the Cancer Process in Relation to a Possible Psychosomatic Influence.* Artículo en *The Psychological Variables in Human Cancer* (City University of California Press, 1954), 1–16.

4. Bernie Siegel, *Peace, Love and Healing* (London: Rider and Company, 1990), 111.

5. Garrett Porter y Patricia Norris, *Why Me? Learning to Harness the Healing Power of the Human Spirit* (Walpole, NH: Stillpoint Publishing, 1985).

6. Jean Houston, *The Possible Human* (New York: Jeremy B. Tarcher, Inc., 1982), 37.

7. Larry y Valere Althouse, *What You Need Is What You've Got* (York Beach, ME: Samuel Weiser, Inc., 1989), 117–118.

8. Caroline Myss, PhD, *Why People Don't Heal and How They Can* (New York: Harmony Books, 1997), 148.

9. Thomas Holmes, citado en *Stress: Can We Cope?* Artículo en *Time,* June 6, 1983, 49.

Capítulo quince

1. Steve Backley con Ian Stafford, *The Winning Mind: A Guide to Achieving Success and Overcoming Failure* (London: Aurum Press, 1996), 60.

2. Edwin Hughes, "Musical Memory in Piano Playing and Piano Study," Artículo en *The Musical Quarterly*, Vol 1, 1915, 592–603.

3. Denis Waitley, *The New Dynamics of Goal Setting: Flextactics for a Fast-Changing World* (New York: William Morrow and Company, Inc., 1996), 54.

4. Henry Moore, Artículo en B. Ghiselin, *The Creative Process* (New York: New American Library, 1952), 74.

5. A. F. Osborn, *Applied Imagination: Principles and Procedures of Creative Problem Solving* (New York: Charles Scribner's Sons, 1963).

6. Pablo Picasso, citado en *The Mystery of Picasso*, una película de Henri-Georges Clouzot, 1956.

7. S. Palmer y M. Neenan, "Double Imagery Procedure." Artículo en *The Rational Emotive Behaviour Therapist*, 6 (1998), 89–92.

Capítulo dieciséis

1. Greg Berns, citado en *Brain Tests Point to Pleasures of Work*, artículo sin atribuir de la Associated Press publicado en *The New Zealand Herald*, mayo 17, 2004, A13.

Capítulo diecisiete

1. Carol Burnett, citado en *Mind Power Into the 21st Century*, de John Kehoe, 18–19.

ÍNDICE

LLEWELLYN ESPAÑOL

lecturas para la mente y el espíritu...

* Disponibles en Inglés

Correspondencia al autor

Para contactar o escribirle al autor, o para mayor información sobre este libro, envíe su correspondencia a Llewellyn Español para serle remitida al mismo. La casa editorial y el autor agradecen su interés y sus comentarios sobre la lectura de este libro y sus beneficios obtenidos. Llewellyn Español no garantiza que todas las cartas enviadas serán contestadas, pero le asegura que serán remitidas al autor.

Richard Webster
℅ Llewellyn Worldwide
2143 Wooddale Drive, Dept. 0-7387-0958-1
Woodbury, MN 55125-2989 U.S.A.

Incluya un sobre estampillado con su dirección y $US 1.00 para cubrir costos de correo. Fuera de los Estados Unidos incluya el cupón de correo internacional.

Muchos autores de Llewellyn poseen páginas en Internet con información adicional. Para mayor información, visite nuestra página:

http://www.llewellynespanol.com.

Richard Webster

**ÁNGELES GUARDIANES
Y GUÍAS ESPIRITUALES**

Por medio de fáciles ejercicios podrá
comunicarse con su Ángel guardián y sus
guías espirituales. Aprenda a reconocer
los sueños que le traen mensajes
del mundo espiritual.

5³⁄₁₆" x 8" • 336 págs.

1-56718-786-2

Richard Webster

**QUIROMANCIA PARA
PRINCIPIANTES**

Realice fascinates lecturas de la mano a
cualquier momento, y en cualquier lugar.
Conviértase en el centro de atención con sólo
mencionar sus habilidades como adivinador.
Una guía que cubre desde las técnicas básicas,
hasta los más recientes estudios en
el campo quiromántico.

5³⁄₁₆" x 8" • 240 págs.

0-7387-0396-6

Sandra Kynes

**FENG SHUI
CON GEMAS Y CRISTALES**
EQUILIBRANDO LA ENERGÍA NATURAL

El antiguo arte chino del Feng Shui emplea
cristales y gemas para atraer energía positiva
y contrarrestar la negativa en su espacio vital.
Aprenda los conceptos y herramientas básicas
del Feng Shui, las aplicaciones tradicionales
de los cristales y los diferentes atributos
y usos específicos de las gemas.

6" x 9" • 240 Págs.

0-7387-0267-6

Mario Jiménez Castillo
& Martha Graniello Russo

MAGIA DE LAS FRUTAS Y VEGETALES

SALUD, COCINA Y BELLESA

Esta obra es una fascinate colección de métodos capaces de producir la magia en las frutas y vegetales. Ésta es una compilación de ritos, recetas tradicionales y conocimientos modernos que le ayudarán a embellecer su salud física, emocional y espiritual.

5" x 9" • 264 págs.

0-7387-0747-3

GUIA PRÁCTICA A LA

VISUALIZACIÓN
CREATIVA

TÉCNICAS EFECTIVAS
PARA LOGRAR LO DESEADO

DENNING & PHILLIPS

Denning & Phillips
GUÍA PRÁCTICA A LA
VISUALIZACIÓN CREATIVA
Transmita y reciba pensamientos a distancia,
ayude a mascotas perdidas a encontrar
su camino de regreso a casa. Comuníquese
con mascotas fallecidas. Esta obra presenta
casos reales sobre las capacidades psíquicas
de las mascotas

5³⁄₁₆" x 8" • 240 págs.
0-7387-0305-2

Elaine Mercado

APARICIONES

UNA HISTORIA VERDADERA

Este libro narra los eventos paranormales
sucedidos en una casa de Brooklyn,
Nueva York en 1982. Escrito por uno
de los miembros de la familia, quien
experimentó el fenómeno por trece años.

6" x 9" • 216 Págs.

0-7387-0214-5

MANTÉNGASE EN CONTACTO...

Visítenos a través de Internet, o en su librería local,
donde encontrará más publicaciones sobre temas relacionados.

www.llewellynespanol.com

¿Qué le gustaría leer?

Llewellyn Español desea saber qué clase de lecturas está buscando y le es difícil encontrar. ¿Qué le gustaría leer? ¿Qué temas de la Nueva Era deberían tratarse? Si tiene ideas, comentarios o sugerencias, puede escribir a la siguiente dirección:

EvaP@llewellyn.com
Llewellyn Español
Attn: Eva Palma, Editora de Adquisiciones
2143 Wooddale Drive
Woodbury, MN 55125-2989 U.S.A.
1-800-THE MOON
(1-800-843-6666)